▼多浪は「病気」だ▲
医学部合格のための処方箋
「石川メソッド」

自分自身の現役時代の勉強法に対する反省と、多浪生と短期間で医学部に合格する人間の性質の違いを自己流で研究する日々を送るなかで構築されたオリジナルの勉強理論「石川メソッド」のすべて!!

石川　朋武

目次

本書の目的とまえがき・・・・・・・・・・・・・・・・・・・・・・・・・・・・・・・・・ 6

第1章　ゼロからスタート　医学部再受験
誰でも1年間で医学部に合格できる!! ・・・・・・・・・・・ 10
★合格する受験生の分析から誕生した「石川メソッド」
★私の模試成績

第2章　医学部受験の本質
受験に勝つための3つの要件とは ・・・・・・・・・・・・・・・ 26
★3要素なくして合格はない

第3章　多浪病というやっかいな病
多浪は治療可能な病である ・・・・・・・・・・・・・・・・・・・・ 42
★多浪病の具体的症例を読み解く

第4章　多浪病の治療法
長いトンネルからどうすれば脱出できるのか ・・・・・ 68
★多浪病に効く薬
★「3分の2理論」

第5章　教科ごとのアプローチ
医学部合格のための科目別勉強法 ・・・・・・・・・・・・・・ 102
★受験勉強はすべて記憶だ!!

英語の勉強法・・・・・・・・・・・・・・・・・・・・・・・・・・・・・・・・ 106

数学の勉強法・・・・・・・・・・・・・・・・・・・・・・・・・・・・・・・・ 108

国語の勉強法・・・・・・・・・・・・・・・・・・・・・・・・・・・・・・・・ 110

　　　　生物の勉強法 ・・・・・・・・・・・・・・・・・・・・・・・・・・・・・ 111

　　　　化学の勉強法 ・・・・・・・・・・・・・・・・・・・・・・・・・・・・・ 112

　　　　地理の勉強法 ・・・・・・・・・・・・・・・・・・・・・・・・・・・・・ 113

　　（センター現代文攻略法）・・・・・・・・・・・・・・・・・・・・ 115

　　　　　第一部　センター現代文の概観
　　　　　第二部　センター現代文を読むために
　　　　　第三部　センター現代文を解くために
　　　　　補　講　センター現代文対策のポイント
　　　　　　　　　さいごに

第6章　医学部合格のための計画立案

　　医学部合格を掴み取った年間計画 ・・・・・・・・・・・・・・ 162

　　　　★ゴールを見据えて計画する

あとがき・受験生へのエール（ブログ紹介）・・・・・・・・・ 178

コラム 1：旧態依然の誤った考え方 ・・・・・・・・・・・・・・・・・・・・・ 18
コラム 2：受験と恋愛の兼ね合い ・・・・・・・・・・・・・・・・・・・・・ 20
コラム 3：授業の効率的活用法 ・・・・・・・・・・・・・・・・・・・・・・・ 22
コラム 4：医学部受験に勝つ考え方 ・・・・・・・・・・・・・・・・・・・ 32
コラム 5：模試の意義 ・・・・・・・・・・・・・・・・・・・・・・・・・・・・・・ 34
コラム 6：負けを認めること ・・・・・・・・・・・・・・・・・・・・・・・・・ 37
コラム 7：最後は気持ち ・・・・・・・・・・・・・・・・・・・・・・・・・・・・ 39
コラム 8：伸びない人の勉強パターン ・・・・・・・・・・・・・・・・・ 57
コラム 9：医学部という世界 ・・・・・・・・・・・・・・・・・・・・・・・・・ 63
コラム 10：結果にこだわる ・・・・・・・・・・・・・・・・・・・・・・・・・ 93
コラム 11：センター試験の重要性 ・・・・・・・・・・・・・・・・・・・ 95
コラム 12：センター試験に失敗した場合 ・・・・・・・・・・・・・・ 97
コラム 13：1日1教科勉強法 ・・・・・・・・・・・・・・・・・・・・・・・ 146
コラム 14：勉強がのらないときは ・・・・・・・・・・・・・・・・・・・ 149
コラム 15：試験の戦い方 ・・・・・・・・・・・・・・・・・・・・・・・・・・ 151
コラム 16：本試験会場での心持ち ・・・・・・・・・・・・・・・・・・・ 157
コラム 17：勝負に対する姿勢 ・・・・・・・・・・・・・・・・・・・・・・・ 172
コラム 18：心（本能）の声を理解する ・・・・・・・・・・・・・・・・ 174
コラム 19：自信をつけるために ・・・・・・・・・・・・・・・・・・・・・ 176

本書の目的とまえがき

　まず私が最も主張したいことは、有名講師などの名前で一個人が提案する勉強法は、受験生個々人が各々にカスタムして利用しなければ意味がないということである。有名講師や有名作家の勧める勉強法をそのまま自分自身に適応しようとしても大抵の場合うまくいかないし、その勉強法を取り入れたとしても成績が上がらなければやはり意味がない。

　ここでひとつ断言しておく。受験生全員にしっくりくる勉強法は存在しない。全ての勉強法に一長一短があるので、他人の勉強法を参考にしようとしている受験生はその提案者の述べる言い分の本質を読み取って、自分自身に適応する作業が必要である。

　しかし、それができない受験生が一般的であるように私は思う。また、良くないことに巷に溢れる勉強法に言及する著書は、断定的に持論を押しつけるような言い方になってしまっているものが多い。そのため、多くの受験生はその断定的な言い方に「これだ！」と思わされてしまう。

　合格体験記のようなものを手に取ってみても、著者の成功談が受験生一般に通用するような書き方をする著書が多い。そして、これらの著者は大抵受験の本質を理解しないままに書き出しているように思える。自分自身の経験などのバックグラウンドや能力に依存した勉強法であるにもかかわらず、全受験生に適応可能という口ぶりで、本を出版しているように私は感じてしまうのであ

る。それらの著書の全てを否定するつもりはないが、私自身の受験においてはそういう意見は全く参考にしなかったし、そのような論法でこの本を書いているつもりは毛頭ない。

　これから私は私自身の提案する勉強法を述べるのであるが、それを皆様に押しつけるつもりは基本的にはない。この勉強法も絶対ではないからである。

　しかし、誰にでも適応できる受験の本質に依拠した勉強法は存在するし、その部分にスポットライトを当てて本書を書いたつもりである。

　繰り返しになるが、受験に勝つためには、受験の本質を理解して、成功者の意見に耳を貸しつつ、自分なりの勉強法を構築することが必要である。

　そのため、本書では受験の本質に言及するとともに、モデルとして私が考える勉強法を提案する。しかし、それはできるだけ一般的に誰でも適応可能な勉強法、絶対に押さえておかなければいけない受験の本質に触れる形にしている。ぜひ参考にしていただければ光栄の極みである。

　　2013年4月

　　　　　　　　　　　　　　　　　　　　石川　朋武

第1章

ゼロからスタート
医学部再受験

誰でも1年間で医学部に合格できる!!

★合格する受験生の分析から誕生した「石川メソッド」

　大阪星光学院高等学校卒業後、1年間の浪人生活を経て京都大学経済学部(文系)に入学。京都大学卒業後、社会人を経験するも、不景気の時代のなかでサラリーマン生活を続けることに限界を感じたため、一念発起して医師になるため国公立大医学部を志す。国公立大医学部には再受験2年目で合格。現役時代は勉強時間をかけた力押しの勉強法で京都大学の合格に至ったが、決して要領のいい受験生ではなかったと反省している。京都大学入学後の得点開示で判明したことだが、決して良い成績で合格していたわけではなかった。再受験に挑戦し始めた時分、現役時代の反省を踏まえて効率の良い勉強法を追求して様々な受験本を手に取ってみたが、しっくりくる勉強法には出会うことはなかった。そのため、自分自身の現役時代の勉強法に対する反省と、多浪生と短期間で医学部に合格する人間の性質の違いを自己流で研究する日々を送るなかで、オリジナルの勉強理論**「石川メソッド」**を構築するに至った。

　持論は、押しつけられた理論に自分自身を無理に適応させるのではなくて、受験の本質を理解しつつ、理論を個々人でカスタムして自分なりの勉強法を構築することが受験では最も大切である

ということ。また、受験の成績は頭の良し悪しではなく勉強の要領や正しい意識を身につけることによって簡単に上がると考えている。そのため、ある程度の学力レベルとやる気・素直さがあれば、誰でも1年間で医学部に合格することができると思っている。私の医学部再受験における合格までの軌跡は下記の通りである。

①ゼロからのスタート

　再受験1年目は予備校に通うことに決めた。そもそも私は文系出身であったし、勉強から離れて久しかったため、全てを自己流で乗り切るだけの自信がなかったためである。予備校の開講と同時にスタートダッシュを決めたかったが、先月までサラリーマンをしていた男が効率の良い勉強法など分かるはずもなく、完全にスタートに出遅れてしまった。1年目の4月は受験生活に慣れることと自分の現状況を確認すること(特に今後の勉強方針の確認)に費やすことになった。

　医学部再受験を志始めた私は当初下記のような状態であった。

I、英語・国語・文系数学・世界史は現役受験生であった頃、二次試験に対応する勉強をしていた。同様にセンター試験に対応するために地理Bと生物Ⅰを勉強していた。

　　しかし、全ての教科に対して数年間のブランクがあった。そのなかでも、生物Ⅰは最も不得意な教科であり、ほとんど何も覚えていない状態であった。

Ⅱ、医学部合格のためには次のことが必要不可欠。
英語は二次試験、国語はセンター試験に対応できる学力まで回復させる。
センター試験対応のために、生物Ⅰ・化学Ⅰ・物理Ⅰ・倫理、二次試験対応のために、数学ⅢC・生物Ⅱ・化学Ⅱを新たに勉強しなければいけない。

　1年目の社会の選択は試行錯誤の末、倫理を選択した。世界史を現役時代選択していたものの、記憶しなければいけないボリュームが多いことは分かっていたし、地理も受験から離れている間に様々なデータが変わっていることを考慮すれば下手に手をつけていることはマイナスであると思ったため、トータルの学習量の観点から考えて倫理に決めた。
　勉強方針としては、英語・化学・物理・倫理は授業を利用して、残りの国語・数学・生物は自習中心の勉強にした。国語は、受験国語から離れていた私でも日常生活のなかで言葉には常に触れていたため、自力で完成させることが可能だと思ったからであり、数学は、予備校の授業が最初から応用力が要求されるものであったため、まずは自分で基礎を固めようと思ったからである。生物は過去に一度勉強した経験があるため、自分の知識の偏りに応じて抑揚をつけた学習ができる自習に決めた。

②転落

　その後、5月から8月までの4カ月間をストイックに勉強した結果、私の成績はみるみる上昇し、それは全国模試の上位成績者として予備校内に名前が掲示されるまでに至った。ところが、絶好調の夏休みが明けて予備校の2学期が始まって間もないある日、私は突然の発熱に襲われることになった。薬を飲んでも熱は下がらず、長期間原因不明の症状に苦しめられることになった。

　大学病院での検査の結果、ストレスや過労が原因であると分かり、休養を余儀なくされた私はまたしても新学期のスタートに出遅れることになった。

　症状が回復した10月から再び本格的に勉強を開始したが、その後、前期から引き続く成績の伸びにすっかり油断をしてしまっていた。その結果、センター試験本試の数学で大失敗をしてしまい、全体として予定よりやや見劣りする成績におさまってしまった。

　センター試験が明けてからは出願先を決定して、赤本を利用した二次対策をしていたが、二次試験直前に、当時付き合っていた彼女と別れることになってしまい、最も大事な時期に安定していたメンタルが崩れてしまった。その結果、わずか数点という僅差で合格を掴み損ねて1年目の受験が終了した。

③1年目の反省

　センター得点が芳しくない場合、後期試験が前期試験以上に厳しい戦いになってしまうことが身をもって理解できた。私も後期

試験は二次配点が高い大学を受験したが、純粋に二次試験での勝負に勝ち残ることができるほどの二次力を養成することはできていなかったため惨敗してしまった。二次配点が高い後期試験を課す大学は本物の二次力がないと合格することはできない。ある程度のセンター得点を持って前期試験を戦うほうが一般的な合格法であることは言うまでもない。

　私はこの1年間で、センター試験の重要性と医学部受験の厳しさを改めて知った。センター試験は前期試験の優位性を確保するだけではなく、後期試験にも大きく影響するため、センター試験を制することが医学部受験を制するのだと考えるようにまでなった。そして、医学部受験はセンター試験も含めてひとつのミスも許さない厳しい戦いであると心に深く刻みこんだ。

④再起へ

　4月から、私は当面の生活資金を稼ぐためにアルバイトを始めた。複数年浪人をする場合、1年が終わってまた新たな1年が始まる際に、何かしらの区切りがないと気持ちに抑揚がつかず、ダラダラと時間を過ごしてしまいがちである。そのため、私のようにアルバイトを春先に始めることは、人によってはとても良い気分転換になるのだろうと思う。集中的に資金を稼いで、その後勉強に集中したかったので、4月から7月までは基本的に全ての時間をアルバイトに充てることにした。

　アルバイトを終えて8月から本格的に勉強を始めた2年目の私は、1年目の教訓を生かして、身体に無理のない計画を立てて

段階的に成績を上げていくことができた。私は個人的にセンター試験に若干の苦手意識があるため、1年目の反省を生かしてややセンター重視型の勉強を進めた結果、大枠で思惑通りの成績をおさめることができたため、**順当に**志望校に合格することができた。

★私の模試成績

現在は、医学部生として医学の勉強に励む一方で、関西圏を中心に家庭教師を行い、自身の理論を日々改良させている。

なかなか成績が伸びないことに悩んでいる方、他人の勉強法を参考にしてみたものの、自分には合わずに苦しんでいる方にぜひ読んでいただきたい。特に国公立大医学部受験で苦しむ多浪生や再受験生に一度お目通しいただきたいと思う。

本書を読んでも自分自身の勉強法がクリアにならない方は、ぜひ問い合わせいただきたい。できるだけの協力はしたいと考えている。

模試成績

模試の名称(マーク)	実施時期	英語	リスニング	国語
第1回全国センター模試(代ゼミ)	5月	157	24	124
第2回全国センター模試(代ゼミ)	7月	135	28	124
第3回全国センター模試(代ゼミ)	9月	157	44	170
センター試験プレテスト(代ゼミ)	11月	162	42	135
センター試験本試	1月	178	30	165
第1回国公立記述模試(代ゼミ)	5月	66.9		
第1回全国総合模試(代ゼミ)	8月	72.2		
第2回全国総合模試(代ゼミ)	10月	68.3		
第2回国公立記述模試(代ゼミ)	12月	59.5		
第2回全国センター模試(代ゼミ)	7月	173	26	141
第2回全統マーク模試(河合塾)	8月	180	30	150
第3回全国センター模試(代ゼミ)	9月	172	30	147
第3回全統マーク模試(河合塾)	10月	188	32	166
センター試験プレテスト(代ゼミ)	11月	166	42	167
全統センター試験プレテスト(河合塾)	11月	200	32	190
センター試験本試	1月	192	24	161
第2回全国総合模試(代ゼミ)	8月	70.3		
第4回全国総合模試(代ゼミ)	12月	69.7		

数ⅠA	数ⅡB	数ⅢC	倫理	地理	化学	生物	物理	全体成績	判定
76	89		58		51	72		615	E
83	81		74		73	76	54	641	D
77	89		84		75	73	32	729	B
100	92		77		70	74	71	712	D
84	75		89		77	96	73	752	C
		62.7			57.6	49		63.9	E
		66.7			72.7	68.3		70.4	B
		58.4			62.1	59		64	D
		69.1			65.2	73		66.8	C
76	81			74	100	87		718	C
78	70			81	96	62		705	C
78	86			61	81	92		707	C
92	86			73	89	84		766	A
91	95			79	93	90		781	B
84	97			94	93	92		836	A
97	91			82	97	96		797	B
		65.9			71.6	67.3		69.3	C
		74.1			70.5	70.6		72	B

●コラム●

1：旧態依然の誤った考え方

　以前では当然のように考えられていた考え方のなかには、現代では通用しなくなっているものがたくさん存在する。例えば、四当五落という言葉がある。四当五落とは、1日の睡眠時間が4時間以内であれば当選（合格）、そして、5時間以上であれば落選（不合格）という考え方を表現した言葉である。しかし、睡眠時間を削ることで集中力が低下することは現代においては周知の事実であり、四当五落の考え方は古い根性論や精神論のように聞こえてしまう。受験におけるメンタルの重要性を説く私としては、個人的に精神論は嫌いではないが、身体的に無理のある精神論はいき過ぎであるとも思う。人間の肉体は、人によって大きく異なるものの限界があり、限界を超えた要求をする精神論は非現実的である。現実を離れた精神論は意味のないものであると私は考える。現実的に有効な精神論には大賛成であるが、現実離れした精神論は暑苦しいだけで説教臭く、全く参考にする価値のないものである。

　同じように、頭の良し悪しによって受験は決まるといった考え方も私には古い考え方のように思われる。合格する人間は頭が良くて、不合格した原因は頭が悪いから、といった決めつけは間違いであると私は思う。頭が良いから合格できるわけではないのである。こうした考え方は受験の本質をうまく捉えていない可能性がある。そもそも頭の良さを、飲み込みの速さや記憶力というパ

・コラム・

ラメーターで私は定義している。確かに頭の良し悪しが受験結果に大きく影響することは事実である。例えば、物事を自分自身のなかでよく考える習慣がない人には理論を記憶すること自体が難しい。頭の良い人間は日常的に物事をよく考え、考えたことを記憶している。つまり、頭の良い人間は理論の記憶が他の人よりも早いのである。

　しかし、頭の良し悪しが受験に必要な唯一の要素ではなく、いくつかある重要な要素のなかのひとつであるというふうに私は考える。受験には前提的な学力と自分自身に合った効率的な勉強法、適切な努力量、合格に向けた正しい意識とメンタルコントロールが必要であり、単純に頭の良し悪しだけで合否が決まっているわけではない。むしろ、それ以外の要素の方が合格に影響を与える要素として大きいと私は思う。ここで述べる前提的な学力とは、シンプルな計算能力や国語的な言語センスなどを指し、大学受験までに培った基礎学力や個人のセンスが大きく影響するものである。これは、全ての教科の前提となる力であるため、受験の成功に重要な要素であることは間違いないと言える。

　これらのことから、地頭の良し悪しは受験に必要なその他の要素によっていくらでもカバーすることができるため、受験の結果に最も大きな影響を与える要素とも言い切れないと私は思う。

•コラム•

②: 受験と恋愛の兼ね合い

　繰り返し述べているが、私は受験の成功には自分自身のメンタルとうまく付き合っていくことが肝要であると考えている。むしろ受験においてこの点が最も難しいことであり、また、受験の結果を左右する最大の要因のひとつであると考えている。受験生の多くは10代であり、人間の人生の中で最も多感な時期に受験を経験する。親や教師といった大人には小さな事柄でも、彼らにはとても大きな事件として捉えられてしまう。多くの受験生は、メンタルの安定が必要な受験において、とても難しい状況のなかで受験勉強と向き合わなければいけない。そのため、自分自身のメンタルを安定させるための様々な工夫が必要となる。こうした意味で、私は受験生活の中に恋愛があってもいいと思う。確かに、恋愛は相手の存在ありきであり、自分だけでコントロールできるものではない。そうした点で、精神安定のための手段として、とてもリスクの高い選択肢であるともいえる。お互いの関係が良好な間は生活にハリができるし、受験にも良い影響を与えるが、一旦関係をこじらせればメンタルに多大なダメージを受けて、受験勉強にも悪影響をもたらす可能性がある。また、受験をしている限り相手にも我慢を強いる場面が少なからず存在する。以上から、相手が受験をしているこちらの状況を理解してくれていて良好な関係を保つことができるのであれば、恋愛は受験の成功に重要なファクターとなりえると私は考える。

・コラム・

　ちなみに私は、再受験1年目の本試験直前に当時の付き合っていた彼女と別れてしまい、精神的に大きなダメージを負ってしまった。これが1年目の受験の最大の敗因というつもりはないが、大きな要因のひとつであると考えている。しかし、それまでの成績の伸びを下支えしている精神的な安定はこの彼女の存在が大きかったし、やはり、受験に恋愛は良くも悪くも大きな影響を与えるものであるということは私自身の体験からも述べることができる。

　受験と恋愛の兼ね合いにおいてひとつ注意しておきたいことは、恋愛にのめり込んではいけないということである。自分自身の立場があくまで受験生であるということを忘れず、勉強時間を確保するという姿勢が必要である。この点を守れないのであれば、受験期間中に恋愛をすること自体を諦めたほうが無難であろう。自分自身の勉強時間を日々こなしながら、余暇の時間を恋愛に回すというスタンスが、受験と恋愛を両立させる上での前提となる。受験生である以上勉強のことは常に頭の片隅に置いておくべきであるが、24時間勉強だけをしているわけではない。生活にメリハリをつけることによって成績も効率良く向上していくことも事実である。しかし、生活の中心はあくまで受験勉強である。受験勉強の合間の時間に恋愛が入り込む余地があるのであって、恋愛に気を取られて受験勉強が疎かになるようでは本末転倒である。この点に注意して、受験と恋愛を両立できれば、受験期間中に感じられる重苦しいムードも健全な精神状態で乗り越えることができる。

•コラム•

３：授業の効率的活用法

　皆様は学校や予備校の授業を受ける際に、効率の良い授業の受け方が存在するということを考えたことがあるだろうか。この質問に対する答えとして、効率の良い授業の受け方は明確に存在すると私は確信している。勉強以外に授業の受け方だけでも、効率の良い受験生と効率の悪い受験生では学力の伸びが全く異なる。

　最初に言っておかなければいけないことは、学力が伸びるのは、独力で解けない問題が解けるようになるときである。そのため、予習にいくら時間をかけても、独力で解けない問題が解けるようにはならない。一方、授業を受けて模範解答が明かされている段階では、独力で解けなかった問題を復習することによって、独力で解けるようにすることはできる。つまり、このことから予習よりも復習のほうが何倍も大切であると私は思う。極端に言うならば、復習をしっかりこなすならば、予習は必要ない。それは、上記の説明のように復習こそが勉強の本質であるからである。予習に勉強時間の大半を注ぎ込んでいる受験生は何年やっていても合格には至らないだろう。

　学校や予備校の講師のなかでも、特に数学科の講師には予習を義務付ける者も存在するだろう。私の経験のなかでも、予習が全てであるとさえ言い切っていた講師もいた。さらに、そうした講師のなかには、予習段階で一問の問題を納得できるまでとことん考え尽くす方法論を推奨する者も存在していた。しかし、医学部

・コラム・

　合格を目的に据えるならば、こうした考え方は危険であるし、彼らの言い分を聞く必要はないと私は思う。数学において、予習段階では問題を最後まで解き切る必要はなく、問題に対する解法の方針が自分自身のなかで理解できれば、そこでペンを置いて良い。その解法の方針が合っているかどうかを授業のなかで確認し、間違っている部分や不足している点があれば、修正を加えるといった授業の受け方がスマートである。

　こうした授業の受け方を推奨する前提として、医学部受験そのものについても説明しなければいけない。医学部のなかでも国公立大医学部に合格するためには、英語・数学・国語・理科・社会のセンター教科と英語・数学・理科の二次教科全てを高い水準でこなさなければいけない。そして全ての教科の総合点で合否が決定されるわけである。医学部受験は総合点を争う戦いであって一芸が求められるわけではない。ひとつの教科、ひとつの問題にこだわっている時間は存在しないのである。できるだけ短時間で、解けない問題を解けるようにしなければいけない。予習や復習といった作業の目的が、最終的にその問題が解けるようにすることであるならば、解法が見えていない段階で着手する予習より、全ての解法が明らかになった段階で取り掛かる復習の方が、時間の観点からより効率良く学習できるのである。

　ひとつの教科を専門にしている、教師や講師の言い分は、専門教科のことだけに話が限定されていることが多い。受験勉強は学問ではない。ひとつの問題が解けるまで何時間もかけて、解法を

・コラム・

模索するなどの自己満足的な追究は大学に合格した後にすればいい。教師や講師は医学部受験の全体像が見えていないから、彼らの言っていることの全てが間違いであると言っているわけではないが、医学部受験に限定して考えるならば、間違っていることも往々にしてあると私は考える。合格に近づくために何が正しくて何が間違っているのか、慎重に判断することも受験に勝つためには必要な力である。

　最終的に、授業の活用法として予習は何時間もかけなくていいと私は思う。数学であれば、予習段階で問題を最後まで解き切る必要はなく、解法の方針が立てば次の問題に進む割り切りが大切である。むしろ予習は、できるだけ短時間で解答できる問題を選別するための練習として私は考えている。しかし、復習は同じ問題が独力で解け切るようになるまで、何度も繰り返し行っていく必要がある。

第 2 章

医学部受験の本質

第2章　医学部受験の本質

受験に勝つための3つの要件とは

★3要素なくして合格はない

　受験に勝つためには次の3つの要件を満たさなければいけない。私が述べる受験に勝つとは、たまたま合格するということではなくて**順当に**合格することを指している。下記の全ての要件を完全に満たしていなくても、たまたま合格することは可能であるが、当たり前に合格するためには、やはり以下の3点を満たすことが必要である。

　1、一般学力　2、勝負強さ　3、戦略

　私の考えでは、合格するためには一般学力とメンタルの強化、そして志望校選びを含む戦略が必要である。

　まず、一般学力は世間で言う偏差値のことである。私は偏差値至上主義ではないが、やはり、本試験に臨む際にある程度の偏差値がないと医学部合格は難しいことは明白である。それは偏差値がある程度学力レベルの高さを保証しつつも、受験生のメンタルを安定させる効果も含んでいるからである。私が受験生であったときも、志望校を選択する際に各予備校が設定する偏差値を考慮

していた。確かに偏差値は一般学力の高さを表す数値であるため受験に勝つために重要である。しかし、私が偏差値を重視するのは、偏差値が一般学力の高さを担保するという理由よりも、偏差値が受験生のメンタルに大きく影響を与える指標であるという理由からである。もし合格に必要とされている偏差値に自分自身の偏差値が足りていなかったならば、その受験生は半ばあきらめムードで受験当日を迎えてしまう。しかし、どんな勝負事でもそうであるが、あきらめムードでは良い戦い方はできない。私が目指す**順当な**勝ち方は、受験当日も余裕を持ってゆったりと試験に望むことで可能になる境地である。確かにあきらめムードで受験を迎え、周りの予想に反して大逆転で志望校に合格する方もまれにいるが、これは運の要素が強すぎて一般受験生が真似をするにはリスクの高い合格の仕方であるといえる。誰にも文句を言わせない圧倒的な合格をするには、受験当日が平日であるかのように振る舞える心のゆとりが必要である。そのためには志望校に自分自身の偏差値が届いていることが不可欠である。こうした点から私は偏差値にこだわっている。しかし、注意したいことに、医学部合格に必要な資質として、頭の良さや元々の偏差値の高さよりもやる気や素直さが大切だと私は考えている。これらの資質を持つ人間は、簡単に医学部合格に必要な偏差値まで自分自身の偏差値を伸ばす素養があるからである。

　次に大切な要件として、勝負強さが挙げられる。勝負強さとは、試験時間内にどれだけ自分自身の実力を発揮できたかということである。私の中の指標として、次のような計算で数値化したいと

思う。
（試験時間内に獲得できた得点）÷（自分自身の平生の実力で獲得できたと思われる得点）× 100
このような指標において 90 を切ると勝負弱いと表現することができると私は思う。どれだけ一般学力があっても勝負弱い受験生は合格することが難しくなる。

　試験（特にセンター試験）の結果は必ずしも学力とは対応しない。模試では良い成績を取っていても本試験での出来が全てである。そのため本試験での勝負強さも合否に大きく影響する。本試験の会場で見られる勝負弱い人間の行動の特徴は大きく次の 2 点である。

(a) 試験が始まると異常に慌てる。問題を読んでいきなり解答に手をつけようとする。さらに自分自身の解答を見直さない。
(b) 自分自身に対する自信のなさから平生と異なる戦い方で試験に挑んでしまう。

　まず、(a) の症状に心当たりがある方は要注意である。模試と本試験で最も異なる点は緊張感である。緊張は誰であってもしてしまうものであるが、緊張が慌てるという行動に結びついてしまう方は良くない傾向であると考えられる。私の考えでは、本試験も模試と同様の精神状態で挑むことが望ましい。本試験では時間がいつもよりも早くなるわけではないのであるから、慌てる必要はないのである。普段の模試と同じ戦い方で本試験に挑み、普段

の模試と同じ実力を発揮することで順当に合格することが、合格の正攻法である。慌てている受験生が陥る最大の失敗は、問題文を読んでそのまま解答に手をつけようとすることである。普段の勉強のなかで問題演習をしているときに問題文を読んでいきなり解答に手をつけようとすることはあまりないはずである。医学部受験生であるならば、問題文を読んで問題の要求に沿った解答をじっくりと頭の中で考えてから解答に手をつけるはずである。慌てている受験生は、この頭の中で考えるという作業にかかる時間がもどかしいために、考えがまとまりきらないうちに解答にとりあえず手をつけようとしがちである。そして、まとまりのない考えで導き出した解答に違和感を覚えながらも、時間が迫っているという強迫観念に押されて次の問題に目を移すという作業を時間いっぱいまで繰り返して、試験終了の合図を聞くことになる。

　また、慌てている受験生の犯しがちなミスとして次に多いものが、自分自身の解答を見直さないというものである。人間誰しもミスを犯すものである。誤字脱字だけでなく、簡単な計算ミスなど、どこにミスがあるか分からないものである。特に慌てふためいて記述した解答はミスのオンパレードであろうと考えられる。慌てている受験生は、無駄な時間を削ろうという考えのもと、解答の見直し時間を削ろうとする傾向がある。そして、普段では考えられない単純な失点をくらってしまうのである。このような状態にある受験生は勝負弱い可能性が高い。

　次に、人間はこれまでの自分自身の実績に自信が持てない場合、

追い詰められた状況では平生のやり方を捨て新たな方法を試そうとする。そして、このパターンも勝負弱さの原因である。結局は付け焼き刃の戦い方は良い結果を期待できない。いつもと同じ戦い方でいつもの実力を発揮できればいいのである。自分自身の実力が足りないことを自覚しているため、当日ホームランを打つことに賭けている受験生の多くは、自分自身のバッティングスタイルを忘れて三振するパターンが多い。結局、私が提案する**順当な**合格法は、志望校に合格するために十分な実力をつけて、いつもと同じやり方で本試験に挑むという単純な方法論である。しかし、この方法が最も合格確率の高い戦い方だと言える。

　最後に大切な要件として、戦略がある。戦略はとても大切な要件で、受験に戦略という要素を加えるか否かで、かなり合格までにかかる時間は変わってしまう。具体的には、効率的に一般学力を上げるための年間計画を立案する際や、自分自身に最も合格が近い大学を選択しようとする際、志望校に対する効果的なアプローチをかけようとする際に戦略は必要になる。例えば、地方大学の医学部であれば十分合格できる実力を持つ受験生が、自分自身のプライドから難関大学の医学部を受験して合格を逃がしてしまうということは戦略ミス以外の何物でもないと言える。自分自身の実力で合格できる大学をきっちりと選択できることも実力のうちであり、試験の結果だけが受験ではないのである。
　ここでは効率的に一般学力を上げるための年間計画の立案や受験校選択のポイントなどの具体的内容については触れないが、受

験に戦略が必要不可欠であるということを理解しておいていただきたい。

　これらのように一般学力、勝負強さ、戦略を兼ね備えた受験生が**順当に**合格するための３大要素である。これら３大要素を満たすことができれば、誰でも医学部合格を実現することができるのである。以下では、これら３大要素のいずれかのファクターを失うことによって生じる多浪病の存在を紹介するとともに、多浪病の具体的な治療法について触れていきたいと思う。

・コラム・

4: 医学部受験に勝つ考え方

　前述したように、医学部(特に多くの国公立大医学部)受験は5教科のセンター試験と3教科の二次試験を全て高水準でこなすことが合格の条件となる。そして、その全ての総合点で合否を争うため、医学部受験の勝つ受験生は、イメージ的に1教科の特化したタイプよりもオールラウンダーであることが多い。そのため、医学部受験を成功させるためには、強みを伸ばすというより、弱点をなくすという考え方が大切である。

　医学部に合格する受験生のなかには、不得意教科を抱えながらも得意教科でぶっちぎって合格する者も存在する。しかし、その方法論は私が提案する**順当な**合格法ではない。年度によっては自分自身の得意である教科の試験がとても難しくなることもある。そのとき、総合得点が伸び悩むことは明白である。そうしたリスクはできるだけ避けて、危なげなく合格する方法論が医学部合格の王道である。全ての教科を高水準でこなさなければいけない戦いで、ひとつでも苦手教科を抱えることは、とても厳しい戦いを余儀なくされる。不得意教科の穴を別の教科で埋めなければいけないが、ある程度高い水準に達している教科をさらにレベルアップして周りを圧倒できる状態にまで達しようとすることは、とても時間のかかる作業である。このとき、不得意教科の穴を埋めるために別の教科の得点を伸ばすことよりも、不得意教科の得点そのものを伸ばすほうがよっぽど時間的に効率が良い。

• コラム •

　そもそも私の感覚として、医学部受験の勉強に好き嫌いを持ち込むこと自体がふさわしくないと考える。得点が取れるから、容易に理解できるから、教科内容に興味が持てるから好き。一方、得点が取りづらいから、理解が難しいから、教科内容に興味が持てないから嫌いといった判断は、医学部受験をする上で不必要な考えである。前述したように、全ての教科を高水準でこなさなければいけないため、ひとつひとつの教科に得手不得手といった感覚を持つこと自体が危険である。医学部合格のための勉強は作業であるような感覚が正しい。自分自身の自己満足のためや趣味で勉強をしているわけではない。ひとつの教科にこだわることや、何かを極めたいという欲望は捨てなければいけない。合格するために総合得点を伸ばす目的で勉強をしている、という意識を持つことが大切である。こうした意識のもと、得点が取れない教科、不得意教科から優先的に勉強して穴を埋めるのである。同時に得点が取れている教科にも安心しきらずにメンテナンスを欠かさないことができれば合格は近づいていくと私は考えている。

• コラム •

5 : 模試の意義

　模試は時間とエネルギーを大量に消費する受験生にとってのひとつのイベントである。受験生にとって特に大切な時間を費やす以上、その見返りを得なければ模試を受験する意味がないと私は考える。それでは、そもそも模試の意義とは何なのか。模試は単なる力試しの場ではない。自分自身の実力を試すだけならば、普段の勉強で十分把握することができるであろう。

　私は以下の3点が模試の意義であると考えている。それは、ペースメーカーになる、本試験に対する予行演習ができる、自分自身との対話の機会を設けてくれる、というものである。以下個別に詳しく見ていきたいと思う。

I、ペースメーカー

　この模試の日までにこの範囲まで終わらせる、というペースメーカーとしての意味を模試は持つと思われる。そのため、医学部受験生は受験する各模試に対して自分自身の課題を設定しておかなければいけない。ひとつずつの模試に対して細分化した自分自身の課題を設定して、それをひとつずつしっかりとクリアしていくことで受験全体の成功が果たされるのである。例えば、次の模試まで数学の問題集をどこまで進めるといったものや、英単語をどれだけ覚えるといった目標である。そこで設定される課題は自分自身の弱点分野でなければいけない。課題やノルマを設定する

前に、自己との対話を繰り返し行うことで、予め自分自身の強み・弱みについて理解しておかなければいけないことはいうまでもない。

II、本試験のための予行演習

　自習室などで自分一人だけで勉強しているとき、時間を厳しく制限していたとしてもどうしても甘さが出てしまうということは、私だけの経験ではないはずである。しかし、本試験では厳格に時間は管理されており、時間内に解くことができなかった問題には厳しく×がつけられる。模試は制限時間の厳しさを肌で体感できる場であるといえるであろう。また、本試験の模擬試験では、厳格に定められた時間内で、ひとつひとつの問題に対してどのようにアプローチするのか確認することができる絶好の場ともいえる。そもそも、模試での戦い方はそのまま本試験でも実践する戦い方でなければ意味がない。模試に勝つ戦い方を普段の勉強で心がけておいて、そうした勉強法を繰り返し受験する模試で何度も練習して自分自身とフィットさせていくことができる点も模試の意義であるだろう。つまり、自分自身の本試験での戦い方を構築するための場といえるのである。

III、自分自身と対話する機会を設けてくれる

　私は、模試で必ずしも良い結果ばかりを取る必要はないと考えている。前述の通り、自分自身に課した課題をクリアすることが

•コラム•

できれば、結果の如何にかかわらず、その模試には意味があるのである。一方、そこでたまたま良い成績をおさめて浮かれていては元も子もない話である。模試はしょせん模試である。模試の成績は参考にしかならないことを心に留めておかなければいけない。模試の意義を考える上で、模試の成績は一種のモチベーションになる点で大切であるが、それと同じくらい大切なことは、そもそも模試が自分自身の弱点を浮かび上がらせるという点である。そのため、模試では正解した問題よりも間違えた問題にこそ意味があるのである。私が模試の意義として最も主張したいことは、模試が自分自身と対話する機会を設定してくれるという点である。根本的なことであるが、模試が終了したのちに、模試でできなかった科目、もしくは問題に対して反省を加える必要がある。そして、できなかった科目、さらにできなかった問題に対して、自分自身のなかで「なぜできなかったのか」を熟考する必要があるのである。模試はそうした自分自身との対話の機会を与えてくれるという点で意義がある。そのため、受験生は模試が終了したのち、自己採点を行い、できなかった問題に対して解答を見ながら、自己反省をしなければいけないのである。自己反省の結果、自分自身の弱点を深く見つめ、弱点をどのように克服するかの具体的な方策を発見できた時点で、その模試は終了したといえるのである。

・コラム・

6: 負けを認めること

　ここでは、成績が短期間のうちに伸びる人とそうでない人との比較をしてみようと思う。学力が伸びるということは、それまで解くことができなかった問題が解けるようになることを示す。つまり、短期間で成績が伸びるということは、短期間で以前までは解くことができなかった問題が解けるようになっているということをいうのである。以前までの自分では解くことができなかった問題が解けるようになるまでには、あるひとつのプロセスを踏まえなければいけない。それは、自分自身ができないことを認めるというステップである。現状の自分では解くことができないと負けを認めることで初めて、その問題に対する意識が変わる。問題集にたくさんある中の一題の問題が、自分自身にとっては学力を増す機会を与える「宝物」であるという見方ができるようになるのである。その「宝物」である一題を大切に何度も自分のものにするまで繰り返し反復演習することで、ようやくその問題の本質が理解できるのである。

　このようにして自分ができないことを潔く認める過程が学力の向上には不可欠なのである。負けそのものから目を背ける姿勢や自分自身の負けを認めようとしない意固地な姿勢を持つ受験生は概して伸びない。一方で、短期間で成績を上げることができるのは、自分自身を客観的に判断することができる客観性と負けを素直に認める謙虚な姿勢を持つがゆえである。客観的な思考を持つ

・コラム・

　ことによって初めて、誰しも認めたくはない自分自身の負けを認めることができるようになるのである。
　次に、どのようにして客観的な視点を身につけることができるのかについて考えてみたいと思う。端的にいうと、客観性を手に入れるためには、長い期間かけて自分自身と対話することが必要であると私は思う。自己との対話は、さながら感情的な自分と理性的な自分との対話である。感情の自分をまるで赤の他人であるかのように、遠方から眺める作業である。自分自身の素直な気持ちを受け入れて、それを言葉にすることは、とても難しい。しかし、自己との対話という課程を踏まえて、自分自身の生の感情を理性を通して理解できるようになるのである。
　今回のコラムはとても抽象的で分かりづらい表現がたくさんあったとも思うが、皆様には自己との対話を繰り返し行って、自分自身の負けを素早く認めることができる思考を身につけていただきたいと思う。この思考法が学力だけでなく全ての事柄に精通する、自分自身を向上させるための本質なのであるから。

• コラム •

7 : 最後は気持ち

　ここまで、私はいくつかの理論を説明してきたが、受験には理論や勉強法よりもっと大切なものがあると思っている。それは気持ちである。最終的に嘘でも何でも、自分自身を信じる気持ちが受験に成功するために最も大切なファクターであると私は思う。

　例えば、個人的な話をすれば、私はセンター試験に必ずしも強い受験生ではなかった。それは、私はセンター試験に対する苦手意識があったからである。センター試験用に効率的な勉強をしているつもりでも、常にどこかで自信がなかったのである。自信のなさから、センター試験対策の勉強をしているときもついついネガティブなことを考えてしまうため、集中力は軽減してしまう。そして、集中力に欠ける勉強を日々続けているため、本試験会場でやるだけのことはやってきたという自信を持てない。また、試験時間中に、私が解くことができない問題は全受験生が解けない問題であるから飛ばしてしまって良いという、開き直りができないのである。このような精神状態で受験したセンター試験で結果が伴わないことは至極当然のことである。

　自分自身に対する全幅の信頼は、学力云々より強力な、何よりの強みであると私は考える。そして、自信の有無によって試験の結果は180度変わってしまうと私は信じている。それでは、自分自身を信じる心、自信はどうすればつけることができるのであろうか。それは、それまでの人生の中で何かしらの成功体験が必

•コラム•

　要である。受験における成功体験とは、自分自身が持ちうる最高の集中力で試験勉強をこなし、それに伴って満足する結果を残すことができたという実績である。そして、その実績を一度だけでなく、継続的に残すことができれば自信は次第に強固になってくるのである。誰であっても、模試や学校の定期試験の成功など、誇りとなる何かしらの成功体験があれば、自分自身に対してポジティブな見方ができるはずである。自分に自信がある人間は、自分自身の勉強法が正しいと信じているから、妄信的に勉強にのめりこむことができて、その結果、爆発的な伸びで成績を伸ばすことができる。日々の勉強に不安を抱えることなく勉強を進めることができて、その結果実績を残し、そして、また日々の勉強で自分自身の学力的伸びを実感できるという、良い循環を生み出すためには、そもそもの自分自身に対する自信が絶対的に必要である。

　そして、試験直前までやるべきことを着実にやってきたことによって養われた自信は、試験本番の会場で落ち着きとなって現れるのである。この落ち着きが私の提唱する**順当な**合格には必要不可欠である。試験が始まっても、客観的に自分自身について判断できる余裕がなければ、自分自身の犯している思い込みやケアレスミスに気づくことができない。最後に合否を分けるものは学力ではなくて、気持ちである。今手に取って本書を読んでくださっている皆様も、本試験の日に強い気持ちを持てるためには何をすべきか考えていただきたいと思う。

第3章

多浪病という
やっかいな病

多浪は治療可能な病である

★多浪病の具体的症例を読み解く

　私は多浪生と短期間で合格を勝ち取る受験生の違いを分析していく中で、多浪生には不合格に至ってしまう、共通する幾つかの特徴があることに気づいた。それらの特徴をまとめて、私は「多浪病」と呼んでいる。この章では多浪病の具体的な症例を述べていきたいと思う。

　ここで注意しておきたいことは、本章では多浪病が原因で合格が遠のいている症例について扱うが、合格に至らない原因が下記に限るという内容ではない。例えば、人によって異なる部分ではあるが、国公立大医学部に合格しようと本気で考えたならば、私の感覚では年間で平均して1日に最低でも5～6時間程度の集中した勉強時間は必要であるが、集中力が散漫な時間を勉強時間に含んでいる受験生や、そもそもの勉強時間が合格ラインの基準に足りていない受験生は多浪病以前の問題で合格に至らないという可能性もある。**あくまで真面目に取り組んでいるにもかかわらず、合格に近づかないという多浪生に限り**該当する病であることを補足しておきたい。

（1）勉強時間に比例して成績が伸びない
（2）集中力が持続しない

（3）直前期に失速する
（4）ケアレスミスが多い
（5）情緒不安定
（6）各試験に対する効果的なアプローチが分からない
（7）効果的な年間計画が立てられない

　なお、上記7つの多浪病の具体的症例は、（1）（2）が一般学力、（3）（4）（5）が勝負強さ、（6）（7）が戦略に関わる症例となっている。

（1）勉強時間に比例して成績が伸びない

　最初に紹介する多浪病の具体的症例は、「不効率な勉強法をしていて、勉強時間に比例して学力が向上しない」というものである。

　例えば、私の知人である多浪生のA君は、この手の症例にピタリと当てはまっていて、何年も医学部受験に挑戦するものの、医学部に合格するどころか、一向に成績が上がる気配がない受験生であった。

　彼は、毎日朝9時から晩の9時まで年末年始に至るまで休みなく勉強に励んでいた。彼は、私が再受験にチャレンジした時、既に複数年の医学部受験浪人を送っていたため、当初は私の成績は彼に全く及ばなかったが、私が本格的に勉強に取り組んで徐々に成績を上げ始めると、数か月で彼の成績に追いつき、それどころか追い抜かしてしまったのである。

このとき、私は彼が一体どのような勉強をしているのか興味を持ったため、私は彼を観察することにした。そして、ある日、彼の勉強を横目で見ていたところ、私は驚きの光景を見てしまったのである。彼は何時間もかけて英単語をひとつずつ何度も何度も書き綴って覚えようとしていたのである。

　言うまでもなく、これは不効率な勉強法であり、不効率な勉強法では時間に比例して学力は向上しない。英単語を何度も書き綴って記憶する勉強法は、英語の発音とスペルの関係性に疎い中学生の勉強法である。中学生時代とは異なって覚えなければいけない英単語の量が多い大学受験で、こうした勉強法を取り入れている間は、英語における学力レベルの伸びを体感できないことは仕方ないといえよう。おおよその医学部受験生の英語レベルではこのような勉強法は実戦していないであろうし、今回述べた事例はあくまでひとつの例に過ぎず、他人事では済まない方も多く存在するだろうと思う。他人のことは冷静に判断できたとしても、自分のこととなると話は別だからである。一度立ち返って自分がどのような勉強をしているか客観的に考えてみる機会をつくっても良いかもしれないだろう。

　多浪病は第2章で挙げた合格のための3大要件のいずれかに負の影響を与える病である。今回の事例は、一般学力に対して負の影響を与えた症例となっている。

（2）集中力が持続しない

　今回紹介させていただく症例は、もしかすると先天的なもので

あると思われている方もいるかもしれない。それは、「時間単位で集中力が持続しない」というものである。

　学力向上に必要なものは次の2点に集約できると私は考える。それは、効率的な勉強法と集中力である。効率的な勉強法を体現化できていないがために「勉強量に比例して学力が向上しない」パターンは前述した通りである。今回の具体的症例2では集中力について触れていきたいと思う。

　まず私は、大体の人は医学部に合格できるだけの集中力というものは先天的に持っていると思うのである。ゲーム好きな人間が何時間でもTVの画面に張りついてゲームに集中することができるように、人間は興味のあるものに対しては集中して取り組むことができるものなのである。こうしたことを考慮に入れるならば、勉強をする上で集中力が足りないと言われる方は勉強に対して興味がないということができる。

　ここで、具体例として、私の受験時代の知人のB君の話をしたいと思う。B君は毎日大変な時間机に向かって勉強に勤しむ方であった。彼は「これまで医学部に合格できなかった理由は勉強時間が足りなかったせいだ」とでも考えているのか、年末年始に至るまで朝から晩まで勉強に励んでいたのである。

　しかし、彼は勉強を始めたかと思うや、数十分したら机を離れてしまうのである。どこに行ったのか見てみると、タバコを吸ったり、コーヒーを飲みに行ったりとどうやら休憩に入っている様子であった。しかし、こうした状態は学力向上の観点からすると、あまり良くない症状であると思われる。

確かに一般的にある程度の休憩は必要であると言われていて、私もそのことにはもちろん賛成である。しかし、程度には個人差があると思うので断定はできないが、医学部受験生が考える、ある程度とは、何時間か勉強して 10 〜 15 分程度であると私は考える。

　休憩時間をこまめに取ることは不効率であると私は思う。なぜならば、人間は集中状態に入るまでにたくさんの時間とエネルギーを要するからである。このメソッドを理論的に考えるならば、物理を履修している受験生であれば分かることであるが、静止摩擦係数≧動摩擦係数が妥当な説明として該当するであろう。人間は勉強に集中できる状態をゼロからつくるエネルギーよりも、集中状態を継続させるエネルギーのほうが随分少なくて済むのである。端的にいうと、一度集中状態に入ったならば、何度も細かく休憩を取らずにそのまま数時間集中して勉強するほうが効率は良いということである。

　今回の症状に当てはまる受験生は、明日からの勉強法を見直すことをお勧めする。また、勉強に興味が持てずに集中できないという方には、勉強にゲーム性を持たせる勉強法が効率的である。

（3）直前期に失速する

　今回を含めて以下 3 回分は「勝負強さ」に影響を与えるものを取り上げたいと思う。

　今回の症例は多浪してしまう方には多く見られるもので、「直前期に失速する」というものである。センターや二次試験などの

本番直前期に集中力を欠いた勉強をした結果、学力的に勢いを失い直前期に失速してしまうというパターンである。一般的な空気感として直前期は、全受験生が待ちに待った本試に向けての追い込みを行っており、勉強に対する姿勢は前のめりであり、勢いは加速していくものであろう。しかし、一方で直前期に勢いを失うことは、学力の低下以上に焦りを生むというマイナスの側面もあるのである。直前期にメンタルを崩すことは、即受験失敗を意味する。

　絶対とは言えないが、概ね合格に至るためには勢いは必要である。勢いを失い、焦りを抱えた受験生はそれまでの成績に関係なく負けてしまう傾向にあるように思う。しかし、これは、受験にかかわらず勝負事全てに言えることかも知れない。このようにして、直前期までは学力的に優れていたはずの多浪生であっても本番の試験で失敗してしまうケースを私はたびたび耳にしていた。

　ここで、具体例として、私の知人の多浪生Cさんの話をしたいと思う。Cさんは私が再受験を始める段階で既に複数年間、受験と向き合っていて、再受験をする上で大切なことを多数教えてくださった、私にとっては受験における師匠のような存在であった。医学部に合格するに申し分ない学力を誇っていたCさんであるが、なぜか毎年直前期に失速して不合格をくらってしまうのであった。確かにCさんの本試直前の動きを思い出してみると、普段はあまり話をしない知人と、不安からか、直前期に話し込む姿を目撃していたのである。

　しかし、受験の性質上最も大切なのは直前期であり、それ以前

の成績の良し悪しは最後の最後には合否に関係しないというのが私の持論である。最終的に、直前期に集中力を欠く勉強しかできなかったＣさんは、合格者達と比較すると大事な場面での踏ん張りが弱い、勝負弱い受験生に成り下がっているのであった。

　Ｃさんのように直前期に失速してしまうがために、不合格をくらい続ける多浪生は世間にたくさんいらっしゃるのではないかと私は思う。多浪をしている受験生は、これらの症例のどれかに自分自信が該当していないか胸に手を当てて考えてみていただきたい。

（4）ケアレスミスが多い

　今回の多浪病の具体的症例は、誰でも思い当たる節のあるものについて触れていきたいと思う。それは「ケアレスミスが多い」ということである。

　今はこのように理論を述べている私も受験生であった当時、一切ミスがなかったのかというと全くそんなわけではなかったし、ケアレスミスに何度も泣かされてきたという経験を持つ受験生の一人であった。

　しかし、多少のミスをしてしまうのは仕方ないことであるが、それが多すぎると合格は圧倒的に遠いものとなってしまう。ケアレスミスをしてしまう受験生は勝負弱いといえるだろう。

　誰でも解ける問題を落としてしまう。それも分かっていながらにして……

　このような経験は私を含めて誰でも一度は経験したことがある

ものであると思う。私の場合は、本試験で多少のミスはあったとは思うが、致命的なミスはなかったと自負している。しかし、大学受験のレベルではその程度で良いのである。そして、一方で多浪病の方々は受験本番で致命的なケアレスミスをしてしまうということが問題になっているのである。

さらに厄介なことに、多浪病の方々は「ケアレスミスをしてしまうことは時の運であって、好調時であればミスはしないのだから、問題ない。」このような都合の良い思い込みをしている受験生が多いように感じる。

ここで、具体例として私の知人D君の話をしたいと思う。D君は自分自身のケアレスミスの多さに気づいている受験生であった。特に数学での簡単な計算ミスが多いということを自覚していたのである。

ところが、そうしたケアレスミスを減らす方法論には行き着かず、ミスの多少は先天的な能力の違いということで問題を解決しようとしていたのである。そして、「好調時の力を出せれば合格できる」とか「ミスがなければ合格できる」と信じて複数年浪人生活を送っていた。

このような方々を尻目に、一方で比較的ミスをしない方々も確かに存在するのである。短期間で合格をする人々は、そのようなミスの少ない人種が多いことは事実であり、また、多浪病の方々が言う「好調」が本試に出せるシステムを意識的に構築できているから短期間で合格を手中にすることができるのである。

多浪病の方々がいう「好調」は、合格する受験生からすれば偶

然の産物ではないのである。本試験でケアレスミスを防止するために、普段からケアレスミスをしない状態をつくっていく必要がある。つまり、ミスを減らすシステムを構築できなかったという観点で考えれば、本試験でケアレスミスをすることも実力であるといえる。また、ある程度ミスも想定した学力を養うことも重要であると私は考える。

最後に、今回の症例を紹介する中で、私はケアレスミスをすることは病の一種であって、完全にとまでは言わないが、軽減することはできるということを主張したいと思う。

(5) 情緒不安定

皆様の周りには、おそらくこのような状態に陥っている受験生が存在しているかもしれない。一度は目に、または、耳にしたことがあるかもしれない症例である。しかし、全ての受験生が陥る可能性をはらんだ症例であるため、今回のトピックは自分自信のこととして受け止めていただきたいと思う。

それは「情緒不安定」というものである。本試験が近づくにつれて喜怒哀楽の波が激しくなる方や、過剰にピリピリとしている方が今回の症例に該当する。

このような症状が発症してしまう原因は多数あると思われるが、ひとつには不安が大きく関与していると思う。

それではなぜ自分自身でもコントロールできない程の不安を心に抱えてしまうのだろうか。

それは、自分自身がゴールに着実に向かっているという感覚が

持てないからだと思われる。また、もうひとつ考えうる原因としては、開き直りができないからだと私は考える。着実にゴールに向かっているという感覚があれば、不安に飲み込まれる必要がないであろうし、そして、自分がここまでやっていてダメなわけがないという開き直りの境地に至ることができれば、そもそもそれだけの不安が生じる余地がないのである。

今回の症例は、性格的な問題が大きく関わることなので一概にこうすれば絶対に問題が解決するということは言えないが、しかし、多少なりともこうした不安を抑える方法論が存在するということを主張したいと思う。

こうした症状に該当する具体例として、私の知人E君とFさんのことを書きたい。E君はかなりの月日を受験に費やしている方で、模試での成績は他を圧倒する程の実力の持ち主であった。しかし、E君は春には決まって予備校の教室に座っているのであった。彼が受験に失敗する原因は、極度のストレスからくる不安定な精神にあった。毎年センター試験が近づくとカリカリとしていて、結局センター試験本番ではストレス性の胃腸炎を患って、実力を反映できずに大失敗してしまうのであった。

Fさんは他人に被害を与えるタイプの症状が出ている方であった。彼女は模試の成績が返ってくるたびに、精神状態が不安定になって、誰彼かまわず話しかけては長話に付き合わせているのであった。また、より酷い時は他人の悪口をしこたま言うことでストレス解消を図ろうとしていた。さらに彼女は自分自身の精神状態を記録する日記を毎日つけていて、その行為が彼女の不安を増

長しているように私には見受けられた。Fさんは自分自身の不安を解消できずに欲求不満が溜まり、模試の結果が返却されるたびに精神が不安定な状態になって、このような行動で安定を保とうとしていたのである。

　上記のような症状が出ている彼らの最大の欠点は、そのときの自分自身の学力レベルを反映している成績に対して何かしらの言い訳をして言い逃れようとしてしまうことである。試験当日の体調が悪かったことや、周囲の環境のせいで試験に集中できなかったなど、様々な言い訳をして自分自身の実力を認めることができなくなるのである。

　このような症状は自分自身に悪い影響を与えるだけでなく、家族・友人を含めて周りの方々に多大な被害を与えるものである。そして、情緒不安定という精神状態は、本試験でのミスを生み出し、「勝負弱さ」に繋がりうる可能性が大いにあるのである。

（6）各試験に対する効果的なアプローチが分からない

　今回お話しさせていただく症例は「試験に対する効果的なアプローチが分からない」というものである。今回から2回にわたり「戦略」に関わる話をさせていただきたいと思う。

　そもそも、受験は一種の勝負事であると私は思っている。勝負に勝つ際に必ず必要になるもの、それは戦略である。仮に勝負というものを受験に絞った場合、戦略とは試験に対する効果的なアプローチということになるであろう。また、試験を対戦相手と例えるならば、試験の出題範囲や出題傾向を徹底的に研究し、効率

良く成績をおさめるために試験にアジャストしたアプローチを取ることが効果的な戦略と言い換えることができるであろう。

　医学部にかかわらず受験に要領良く成功しようと思ったならば、戦略的に試験に対策することが必要である。また、今回のトピックにおいて述べている試験とは、本試験だけでなく模試までも含めた試験を意味する。むしろ今回の症例では、特に模試に着目して話を進めていきたいと思う。多浪病を患う受験生は、本試験はおろか、模試においても成績をおさめることができていない方が多いと思われるためである。模試でしっかりと成績を残すことで自信が持てるし、本試験に対してポジティブな姿勢で臨むことができるため、私は模試で成績を出すことにある程度の価値を見出している。

　当然のことであるが、医学部受験をクリアするために受けておきたい模試は、大まかにセンター模試と記述模試の2パターンに分かれる。しかし、センター模試と記述模試ではそもそもの出題範囲が異なるばかりか、マークと記述で様式も異なるため対策の仕方も全く異なる。それぞれの模試に対して効果的なアプローチを構築することが必要なのである。各模試に対して対策をせずに漫然と受験するだけではせっかくの模試の意味が損なわれてしまう。ところが、多浪をしている受験生のなかには、模試に対策が必要であるという概念が存在しない者もいるのである。そして、「試験前に何をすれば好成績を出せるのか分からない」と言っている多浪生を実際に私は数多く見てきたのである。

　ここで今回も具体的に私の知人の例を挙げたいと思う。私の知

人G君は、多浪をされている割に、模試であまりぱっとしない成績をおさめている方であった。しかし、彼は一見懸命に勉強をしているようであり、普段の会話で成績以上の学力があるのでは、と思わせることがしばしばあったため、私は「なぜ彼がそれだけの成績しか出せないのだろう？」と日々考えていたのであった。

ところが、ある模試の前日、予備校内の自習室にて試験対策を懸命に講じている私の横で、いつもと同じ調子でいつもと変わらない勉強をしているG君を発見して、瞬間的に彼の成績に関する謎が解けた思いがした。「彼が試験で成績を出せない理由はこれか」と直感的に理解したのである。

彼は試験前に何をやればいいのか分からないので、普段と変わらない勉強をしているのであった。しかし、受験勉強はその都度都度で何をやらなければいけないのかということが大まかに決まっているものである。模試の前には、その模試で効果的に成績をおさめるための試験対策がマストである。

（7）効果的な年間計画が立てられない

前回はひとつずつの試験に対する効果的なアプローチを取ることができないというミクロレベルの症例であったが、よりマクロレベルの戦略について今回は触れていきたいと思う。今回の症例は「効果的な年間計画が立てられない」というものである。

そもそも国公立大医学部の受験は1月末のセンター試験と2月25日、26日の二次試験を必ずクリアする必要がある。これらの試験を自分自身のベストな体調で迎えることは、全受験生が

切望するところであろう。インフルエンザの予防接種を受け、試験の数日前から風邪をひかないように万全の対策を講じるはずである。しかし、体調面だけではなく学力面において、決まった期日にベストなコンディションに仕上げていくためには、効果的な年間計画の立案が必要不可欠になる。しかし、この年間計画は個人によってそれぞれ異なり、全てを一般化することはできないものであるだろうと私は考える。

　例えば、彼氏や彼女がいればクリスマスの半日は空けたいなどの事情や、また、個々人で体調のバイオリズムも異なるため、個人的な価値観や状態を考慮した、各々のレベルでの年間計画を立案する必要がある。

　「効果的な年間計画を立案する」ことは、具体的症例3で触れた「直前期に失速する」予防にも関わるものであるし、受験の成功にとても重要なファクターと言える。

　ここで、私の知人H君の例を紹介したいと思う。H君は自分自身の成績が例年後半にかけて下がっていくことに悩んでいた受験生であった。模試の成績は春先に受けたものが最も良く、本試験に向けて段階的に成績が下がっていくというグラフを複数年描き続けていたのである。H君は春先の模試では予備校発行の冊子に名前が載るほどの実力を持っているのであるが、春以降はなぜか成績が下がり続け、そして、やがてやる気がなくなってきてどんどん悪い成績をおさめることを繰り返す悪循環に陥っていた。

　しかし、H君がこのような症状に陥るのには理由があったのである。H君の話を聞いていくうちに、彼が年間計画を立案どころ

か、そうした概念すら持ち合わせていなかったことに私は気づいたのである。

彼は浪人が決まって間もない春先は1日10時間の猛勉強に打ち込み、その後、疲れなど様々な影響が相まってモチベーションの低下を引き起こし、段階的に成績が下がることから、更なるモチベーション低下と焦りに苦しむ負のスパイラルに飲み込まれていたのである。彼に似たような状況に陥っている多浪生は要注意である。春先は基礎が固まっている多浪生が上位成績を独占することは当然といえば当然の話であり、春先の成績に満足して客観的に自分自身を把握できていないことは、その後学力の伸びが期待できない可能性があるからである。

まず、受験には「年間計画」が必要であるということはお気づきであろうか。今回で多浪病の具体的症例についての話は終了するが、多浪生の場合、これらの症例のうち複数項目当てはまることが一般的である。何年も受験にピリオドを打つことができない多浪生は胸に、手を当てて考えてみていただきたいと思う。おそらくどこかの項目に自分自身が該当することが理解できるはずである。

•コラム•

8：伸びない人の勉強パターン

　なぜ私が伸びない人の勉強法を敢えて取り上げたかと言うと、伸びない理由を探ることが伸びるための必要条件だからである。では、伸びない人というのは、一体どういう特徴を持った人なのであろうか。以下に羅列してみようと思う。なお、付け加えておくと、これらの特徴は一部多浪病の症例に被るものもあるが、それらは私が特に強調したい部分であるため、敢えて述べていると理解いただきたいと思う。

I、勉強時間が足りない

　これは医学部受験生としては論外だが、意外と自分自身でそのことを認識できてない人が多い。予備校や塾に通っているとすると、当然そこで授業を受けるわけだが、これが錯覚の原因となるようである。

　予備校や塾で、難しい授業をたくさんつめ込んで受け続けると、自分自身で能動的に学習しているわけではないのであるが、妙な充足感を覚えるのである。講師が授業のなかで紹介する、鮮やかな解法テクニック、啓発的な雑談。自分自身で問題を解いているわけではないのであるが、講師が次々に難問を解き進んでいくことで、自分自身ができた気になるのである。これらが加味されて、受験生の大半は授業の終わりにはたくさん勉強をした気分に陥る。また、予備校や塾のカリキュラムによっては授業の予習に追

• コラム •

われてそもそも自習時間が確保しづらいこともある。しかし、勉強というのは自主学習が基本である。結局、授業は自主学習をスムーズに進めるためのサポートでしかない。そのため、授業を熱心に受け続けているにもかかわらず、学力が伸び悩んでいる人は、毎日どのくらい自習時間を確保しているのか、具体的に数値化していただきたいと思う。１年間の平均で１日の自習時間が５時間を割り込んでいるとすれば、そうした生活を複数年続けても合格には漕ぎ着けない可能性が高い。最後に、予備校や塾はうまく利用することができれば、宅浪人にはないメリットをたくさん得られることも付け加えておく。

II、計画性がない

　目に留まった科目の参考書や問題集を無計画に解き進めていくやり方がこれに当たる。現役、１浪など１０代の若い受験生に特に多い傾向にあるように思われる。この勉強法の最大の欠点は、労力が得意科目に偏ってしまいがちなことだ。計画がない、ということはその日のノルマがないと言うことである。どんなにのんびりやろうが、その日の勉強を途中でほっぽり出してしまおうが自由なのである。自分の好きな科目を延々とやり続けることで勉強をした気にもなれるであろう。このように客観性を欠いた意識で、自分の不得意な教科や、興味のない科目には目も触れず、得意科目に逃げてしまうだけの勉強を繰り返す人々は成績を伸ばすことは難しい。

・コラム・

　ここで断言しておくと、医学部受験で最も大切なことは、得意科目をさらに伸ばすことではない。不得意科目をなくし、全科目を満遍なく勉強することである。

　本書を読んでいられる皆様には今一度自分自身を客観的に分析し、不得意分野を明らかにした上で、それらをバランス良く取り込んだ計画表をつくっていただきたいと思う。

Ⅲ、何でも書きまくることが勉強だと履き違えている

　参考書等の内容を覚えるのに、それを書いて覚えようとする人がたくさんいる。確かに頭の中に何か物事を定着させる時、書くことで脳の記憶領域を刺激するのもひとつの手段ではあろう。しかし、よほどの天才を除いて、我々は一度や二度書いた程度で物事を覚えられる程、優秀な記憶力を持ち合わせていない。そのため、参考書を読み進めるのも書き進めるのも、記憶の定着に大した違いは生じない。しかし、読むことと書くことでは、所要時間が全く異なる。

　こうした考えのもと、私は初見の参考書などでは、最後まで一気に読み通すことを何度も繰り返すことをお勧めする。その際、一度に全て覚えようと意気込む必要はない。とりあえず、分からないなりに丸呑みしてしまうのである。最初は、内容の雰囲気をおぼろげに掴むことができれば十分である。自分の好きなマンガや小説を思い返していただきたい。おそらく何度も読み込むうちに、登場人物のセリフやポーズまで覚えているはずだ。これは覚

・コラム・

えようとして記憶に残っているものではないだろう。興味を持って何度も反復した結果、脳が大切な事柄だと認識し、長期的な記憶領域に知識が保管されたからである。参考書に書かれている内容も、何度も繰り返し読むことで記憶として定着させられるので、何でも書いて覚えようとするのは時間効率が悪いことであるといえる。

Ⅳ、集中力が続かない

　私のメソッドは、具体的な勉強法よりもメンタル面のほうをより重要視している。他のコラムにやる気を持続させる方法を載せているので、ここでは具体的な対処法は省く。

Ⅴ、周りに流されやすい

　ついつい周囲に合わせてしまい、本来最優先すべき自分自身で立案した勉強計画を後回しにする人がこのタイプである。はっきり言ってこのタイプの受験生はなかなか合格しない。色々と自分自身に言い訳をして、その日やるべきことをこなせないからである。短期間で合格する受験生というのは、多少なり自分自身に厳しいものである。

　仲間からの誘いも、自分自身で設定したノルマをおざなりにして受諾することはない。ある意味で付き合いの悪い人種かもしれないが、こと受験に関しては、このタイプの人間でなければ勝ち上がることは難しいことも事実である。そのため、皆様にも、受

・コラム・

験が終わるまでは付き合いの悪い人間に徹してほしいと思う。合格するために浪人生活を続けている以上、勉強が最優先であることは当然のことである。自分自身で設定したノルマをこなすための勉強時間を中心に据えて、学習計画に支障をきたさない程度に、その他の計画を組んでいくことをお勧めする。

VI、復習をしない

　本屋の学参コーナーに寄っては、ストレス解消するかのごとく、新しい参考書を次々に買ってくる受験生が私の周りにも数多く見受けられた。買い物は何であってもストレス発散にうってつけであるし、それが参考書であれば、買い物という行為自体が勉強の一環であるような気がしてくるのであろう。しかし、彼らはそうして次々と新しい参考書を購入しているが、押しなべて復習をしようとしない。一度やった参考書や問題集は(そもそも最後までやってすらいないのかもしれないが)用済みだと考える傾向にあるかのように私には思われた。

　次々と新しい問題集に取り組んで、こなした量を自信に変えたいのであろうが、このやり方は完全に間違っていると断言できる。前述のことではあるが、知識は一度や二度目を通したくらいでは脳に定着しない。参考書を次々に変えるということは、知識が定着しないまま新たなことをしようとするので、ほとんど何も得られない無為な時間を費やすことになるのである。受験勉強は自分が決めた1冊をとことんまでやり込むことに尽きる。その1冊を

•コラム•

何度も繰り返し反復するほうが、10冊の本を広く浅くなぞるより遥かに力がつくのである。

　以上、このトピックについては挙げ出せばキリがないが、大まかに6つのパターンを挙げてみた。これらは合格しない全受験生に共通しているものである。

　そうは言うものの、受験においてはたとえ勉強法が間違っていたとしても受かってしまうケースが実際にはしばしば存在してしまう。しかし、上記の1だけは確実に合格しえないパターンであるといえる。そのため、皆様には自分自身の勉強時間をしっかり確保することを最優先にしていただきたい。

・コラム・

⑨：医学部という世界

　このコラムでは医学部生の内情をできるだけ詳細にお伝えしたい。ここでお伝えする内容は大きく分けて、私の考える一般的な医学部生の日常生活と医学部生の人間の質の2点である。

　まず、医学部生の日常生活について説明したい。一般的に医学部生の生活は、他学部生の生活より忙しいことが多い。学生生活のなかで覚えなければいけない知識の量は膨大であるし、大学によって異なるが、一度専門分野が始まればキャンパスが他学部と分かれて山の中になってしまうケースが多い。そして、自然に囲まれて陸の孤島と言っても過言ではない排他的な環境のなか、淡々と彼らの学生生活は営まれる。授業を受けただけでほとんど1日が終わってしまうことはざらにあるし、テスト前には何日も学校に泊まり込んで、大学に住み着いているような学生もよく見かける。授業が終わっても、授業中に課される課題の数は膨大で、生活のなかのほとんどの時間を学業に奪われてしまう日もしばしば。

　部活動にしても医学部は他学部と分かれていて、あらゆる部において医歯薬系のリーグが存在する。こうして、医学部生の学生生活は基本的に一般社会から隔離されている状態で過ぎていく。また、自分自身の課されている課題をこなすことに必死で、他人に関与するだけの余裕がない生活を日々送るため、自分自身の置かれている状況に疑問を持つことさえできない学生が大量に生産

• コラム •

される。

　医学部生の生活の状況を理解していただけたならば、次は、医学部生の人間の質について説明したい。コラム4「医学部受験に勝つ考え方」で説明する通り、医学部合格者は多くの教科全てを高水準でこなしてきた最強のオールラウンダーであり、そして、強みよりも弱みを徹底的に潰してきた人間の集団が医学部という世界である。そのため、医学部には保守的でリスクを犯すことを恐れる人種が多いように私には感じられる。授業のたびに課される膨大な課題の全てを、多数の医学生はきっちりと期限を守ってこなしていく。このこと自体はとても素晴らしいことであるが、課題の全てを期限までにこなさなければいけないために医学生には自分自身の時間を大切にする人間が多いように私は感じる。

　そして、私の個人的な見解として、それが面白みに欠けるように思われる点でもある。自分自身の生活に追われて他人に関心を向けている余裕がないため、自分は自分、他人は他人という割り切りをしているように思われるのである。また、彼らは、保守的でリスクを恐れる性格であるため、自分自身の日常生活に何か特別なことを求めていないようである。そうした意味で、淡々と繰り返す日常生活のなかで楽しみを見出すことができる人種が多いのかもしれない。自分自身の関心が引かれるものに対しては貪欲な姿勢を見せるが、基本的に自分自身のこと以外には冷めた物の見方をしている人間が多いのだろうと感じられる。それはある意味、人間味の少ない、感情の起伏の少ない人間に私には見えてし

• コラム •

まう。

　私個人の考え方として、一般的な医学部生像にポジティブな感情を抱いていないため、このような書き方になってしまっているが、このコラムは読者の皆様の医学部受験に対するやる気を削ぐことが目的ではないことを最後に付け加えておきたい。医師という職業自体は、素晴らしい職業であると思っているし憧れさえ持っている。医学部の生活も個々人の感性によって捉え方は異なるし、あくまで私一個人の意見であることを頭に入れつつ読んでいただければ光栄である。

第4章

多浪病の治療法

第4章　多浪病の治療法

長いトンネルから
どうすれば脱出できるのか

★多浪病に効く薬

　前の章で述べたように、多浪生には特徴的な性質が存在する。「多浪病」という名前は私がつけたものであるが、多浪病はその名の通り病気であるので、適切に処置すれば治療が可能である。前章で述べた多浪病の症例ごとの治療法を本章では扱いたい。多浪病の症例に該当する方は積極的に参考にしていただきたい。

（1）勉強時間に比例して成績が伸びない

　治療法に触れる上で初回にあたる今回は、「勉強時間に比例して成績が伸びない」という症例に対する治療法を紹介したいと思う。

　その前に余談ではあるが、日本には現在、国家公務員試験や司法試験、公認会計士試験など、様々な難解な試験が存在する。医学部受験にかかわらず、こうした全ての試験に対して良い成績をおさめるための勉強というのは、一言でいえば、正確に知識を記憶するという作業に集約されるのである。つまり、良い成績をおさめるために、効率的に勉強するということは、効率的に正しい知識を正しく記憶するということであると言えるのである。そのため、「勉強時間に比例して成績が伸びない」受験生は、勉強時

間に比例して記憶量を増やす記憶法が確立できていない可能性が高いと考えられる。

　ここで、医学部受験に話を戻して、受験に必要な記憶というものは大きく分類して、2種類存在することに触れておきたいと思う。それは、「1対1対応の記憶」と「論理記憶」である。「1対1対応の記憶」というのは、英単語や物質の名称などの記憶である。意味を考える余地のない純粋な丸覚え作業を表す。そして、「論理記憶」は数学の解法を暗記する際などに活用しているように、論理展開を記憶するための記憶を表す。論理構成を理解しながら記憶していくことが必要となる。

　これらの記憶に対して、「1対1対応の記憶」に関しては、巷で既に様々な記憶法が存在していて、また、個人によってしっくりくる記憶法は異なると思われるため、今回の話では深くは取り上げることはしなかった。私個人の話をすると、「1対1対応の記憶」に関する記憶法として、「語呂」を利用して記憶していた。例えば、化学の炎色反応などは、「リアカーなきK村、動力に馬力借りようとするも、くれない。」といった語呂合わせで記憶したように、記憶したい項目の頭文字を列挙して、自分が覚えやすい「語呂」になるように順番を入れ替えて記憶していた。

　「1対1対応の記憶」はこれくらいにして、ここからは「論理記憶」に関するメソッドとして、「インプット→アウトプット法」を紹介したいと思う。「インプット→アウトプット法」の手順は下記の通りである。

① まずは論理を読み込む。理解できなくても立ち止まらずにとりあえず丸呑み。記憶するまで何度も読み込む。(インプット)
② 何度も読み込んで、それでも分からない部分は、分かっている人間に聞く。自分で解決しようとせず、分かっている者に聞いた方が早い。理解したことはしっかりとメモしておいて、あとで読み返したときに独力でその部分が理解できるようにしておく。
③ 全ての論理展開を記憶したと思ったら、次は何も見ずに記憶した論理展開を書いてみる。(アウトプット)

　この時完璧に記憶した論理展開を書き出すことができればOK。

　書き出すことができなかった場合は、①〜③の過程を再度やり直す。
④ 3日後、1週間後、1ヶ月後など、ある程度時間を置いて、記憶した論理が定着しているか確認する。しっかりと記憶できていなかった場合、再度①〜③の過程をやり直す。

　自分では理解できていると思っている知識も、他人に説明しようとすれば上手く説明できなかったりするように、自身の知識の定着度は本来自身で確認することが難しいものである。しかし、この「インプット→アウトプット法」は、知識の定着度を自己確認できる点に良さがあると言える。

　私の場合、これらの記憶法を利用して単語などの単純記憶・数学などの論理記憶を行っていた。症例1に悩む多浪病の方々はぜ

ひ参考にしていただきたいと思う。

（2）集中力が持続しない

　一般学力に影響を与える多浪病の症例としては、「効率的に勉強ができない」ということと、「時間単位で勉強に集中できない」というものを紹介した。前回は「効率的な勉強法」について紹介させていただいたので、今回は「時間単位で勉強に集中できない」ことに対する対処法について述べていきたいと思う。

　まず、「多浪病の具体的症例2」でも触れていたように、勉強に対する集中力は必ずしも先天的なものだけで決まるのではない。誰しも自分が興味のあることに対しては集中力を発揮することができるのである。「時間単位で勉強に集中できない」ということは、勉強に対して興味を持つことができないということの表れであると考えることができる。

　しかし、勉強というものは誰にとっても面白いものではない（勉強を趣味のように楽しくできる人間は多くはいない）ため、勉強に興味を持って取り組むやり方が必要になる。そこで、今回私が提案したいメソッドは、「ゲーム性理論」である。分かりやすく言うと、勉強にゲーム性を持たせることで集中しようというものである。

　合格に至る道は長い目で見ると、長く険しいものであるように思われるであろうが、効率良く毎日の勉強をこなしていけば、誰でも必ず達成できるものでもある。この時、大切なのは、毎日の勉強を漫然と無計画に行うのではなくて、しっかり確実にこなす

という姿勢で取り組むことである。つまり、毎日のノルマを正しく設定して、きっちりと決められた時間内で確実にこなすことができれば、必ず合格へ近づいていくことができるのである。ノルマを決められた時間内でこなすことができれば合格に一歩近づき、ノルマを達成することに失敗してしまった場合は、合格から一歩遠ざかってしまう。

　このように毎日の勉強にゲーム性を持たせて取り組むことで、集中力は必ずアップする。例えば、期限ぎりぎりで間に合うかどうかの瀬戸際で物事に取り組んでいる時、人はいつになく集中力を高めているものである。そして、もしその期限に滑り込むことができたならば、その時感じる達成感はなかなかのものであることは、誰にでも思い当たる節があるのではないかと思われる。日々の勉強に自分自身でノルマを設定し、そのノルマに締め切りを設けることによって、追い立てられる感覚を自作してしまうのである。結局、受験などは自作自演できるかどうかが勝負の分かれ目になっているのかもしれない。

　このように、「ゲーム性理論」を実践することによって集中して勉強に取り組むことができると私は主張しているが、ここで1点注意点がある。それは、設定するノルマは達成できるかどうかが微妙なラインでなくてはいけないということである。もし、達成が明らかに可能であることが端から分かり切っている場合、人間は逆にダレて集中力を欠くことになる。自分では少し厳しいかもしれない。今日はノルマを達成できなかったので、明日も達成できなければ本格的にやばい。そうは言っても毎日ノルマを達成

できないようでは、これもやる気がなくなってしまう。そのため、目標設定はさじ加減が難しいところではあるが、試行錯誤を繰り返して自分自身に合ったレベルを徐々に掴んでいくことができれば良いと私は思う。

　上記のような点に注意しながら「ゲーム性理論」を取り入れることで、必ず集中力はアップするし、気づいた時には勉強を始めてから数時間経っている、といった状況を体感できるようになると確信している。要は、自分自身で1日1日の勉強に課題を課して、合格のためにはそれを期日までに達成しなければいけないと思い込むことで、勉強に対する集中力は高まるということである。日々のノルマをこなすことが合格のための道であると分かっていても、人間は易きに流れる生物であり、なかなか上記のように思い込むことができないであろうが、これも訓練である。徐々に身体を慣らしていって欲しいと思う。

(3) 直前期に失速する

　今回からは「勝負強さ」に影響を与える症例について扱う。今回は「直前期に失速する」というものに対する治療法を紹介したいと思う。この問題はかなりメンタルの部分が影響するため、完全に治療することは難しいが、今回私が紹介するメソッドを遂行することによって多少なりとも改善できるのではないかと考えている。

　直前期に失速するのは「直前期最重要説」を意識するということである。「直前期最重要説」というものは、受験における時間

の重要度として、直前期に近づけば近づく程、本試に与える影響力は大きくなるという説である。つまり、春先での1日と12月に入ってからの1日では、まるで重要度が違うということを意味する。

こんな当然のことを意識するなんて当たり前のこと、と思われた受験生もいられるであろうが、「直前期最重要説」をきちんと意識して、実際に行動に移せている方は少ないと思われる。理論を理解していることと理論の実践はまるで異なる作業だからである。直前期が最も大切であることをきっちりと意識して、理論を行動に移すということは、直前期に向けて集中力を上昇させ、また、勉強量を増加させていくことを意味している。つまり、直前期に向けて勉強量を増やしていくことが重要になる。

ここで、私のなかの勉強量の定義は、**集中力×勉強時間＝勉強量**であるので、自己満足的に漫然と机に向かう時間を増やすのではなくて、勉強に集中している状態で勉強に取り組めている時間を増加させることが、勉強量を増加させることを意味している。

直前期に失速する多浪生の多くは、浪人が決まった春先、もしくは夏季など、年内の直前期以外のどこかの時期に集中的に勉強した結果、直前期は集中力が切れてしまっているパターンが多いように思う。このような「直前期に失速する」という症例を解決する方法は、直前期にMAXの集中力を発揮させることができるように、1年間を通して勉強する計画を上手く作成しなければいけない。そのため、今回の対処法は、多浪病の症例7「効果的な年間計画が立てられない」に対する対処法と密に関連する解決法

であるということがいえる。

　今回の対処法を再度まとめ的に述べるならば、直前期までの時期はともかく、直前期に向かう時期は右肩上がりに勉強量を増やすことが必要であるということである。端的にいうならば、直前期1週間の勉強に対する集中力がそのまま試験に反映されるといっても過言ではないと私は思う。それまでの期間は、直前期1週間をいかに集中して勉強できるかの布石のようなものであると私は思うのである。直前期1週間ないし、1ヶ月に照準を合わせた計画づくりが必要なのである。しかし、直前期に向けて加速度的に勉強量を増やすことの重要性は理解できてはいるが、直前期に一体何を勉強すれば良いのか？　とお思いの方もおられるのではないかと思われる。

　その疑問に対して私なりの答えを詳細に書き出すと、かなりのボリュームになってしまうため、今回全てを紹介することはできないが、ざっくりとした私の提案は下記の通りである。センター試験対策には各教科について作成した「まとめノート」と各予備校が出版している問題集、そして過去問研究である。

　二次試験対策には過去問研究と「赤本研究ノート」である。

　上記における「まとめノート」と「赤本研究ノート」については下記の（6）において詳しく紹介したいと思う。

（4）ケアレスミスが多い

　今回紹介させていただく治療法は「ケアレスミスが多い」という症例に対する治療法である。症例の紹介のときにも述べたよう

に、ケアレスミスが多いということは、勝負弱い体質に直結していて、そのような特徴をお持ちの受験生はそのまま不合格に近い存在であるといえるであろう。そのため、受験に成功しようと考えたならば、ケアレスミスを減らすことが不可欠である。

「ケアレスミスを減らせ」という指摘は至極当然のものであり、そして、簡単にケアレスミスを減らすことができるならば、誰もミスなどしないだろうと思われる方も多いと思う。しかし、この問題に対して真剣に考えたことがある受験生がどれだけ存在するだろうか、甚だ疑問である。この問題は多浪病に悩む受験生を含んで全受験生が一度考えなければいけない問題と言っても過言ではない程大きなトピックである。

ここで断言しておくと、ケアレスミスを減らすことは可能である。

これは補足であるが、試験中に犯してしまうミスは下記の2種類あると私は考えている。
(1) 自分自身のバイアスによって生じるミス（問題の設定を読み違えて解答してしまう）
(2) 計算間違いなどを含め、不注意によって生じるミス（ケアレスミス）

上記のうち、(1) の問題に対する基本的な解決法は自分自身を疑う慎重さを身につけることである。目を皿にして設問文を読み、また、解答を進める過程でも問題設定を間違えて理解しているのではないか、と自分自身を常に疑う慎重さは受験生には持っ

ておいて欲しいと思う。この問題はとても根が深い話であるので、今回（1）については詳しくは取り扱わない。しかし、（2）のケアレスミスはこれから私が提案する方法で多少なりとも防ぐことができるであろう。

そもそも、ケアレスミスには大きく分類して2つの種類が存在すると私は思う。それは、「文系的ミス」と「理系的ミス」である。「文系的ミス」は、問題文をきちんと読んでいないことから失点に繋がったミスや、設問の条件を読み落としたりすることによって生じるミスと定義する。一方、「理系的ミス」は改行の際の書き間違いや計算ミスのことである。

ケアレスミスを減らすためには「ミスチェック体制」を確立することを提案したいと思う。そして、上記のような2種類のケアレスミスに対処するためには、下記の対処法を提案したいと思う。

「文系的ミスチェック体制」は「問題文を愚直な程丁寧に読む」ことによって解決したいと思う。とても単純であるが、これ以外に解決法は存在しない。(1)に対する対策ともいえるであろう。

ここで注意点として、丁寧に読むのであるが、しかし、「ゆっくり」とはいっていないということである。そして、素早く読むからと言って、ざっと読み飛ばすなど雑な読み方をしていては意味がないということである。さらに、読み飛ばした個所を自分の想像で補わない、という点も要注意である。想像で問題文を補って正解に至ったとしても、次回は間違える可能性がある。愚直に1文字も残さずきっちりと、かつ素早く読み通すのである。この

点についてこれ以上深くは述べないが、「文系的ミスチェック体制」は「素早く丁寧に問題文を読む」ということを繰り返し訓練することによって身につけることができると考えられる。日頃の勉強からこうした点を意識することが具体的解決策となるのであろう。大体の試験、特にセンター試験などでは、時間がかなりタイトなので、問題文をざっと読み飛ばしてしまいがちであるが、それは失点に繋がる大きな落とし穴であることを意識していただきたい。そして、この指摘は、多浪病受験生だけでなく、受験生全員に宛てたメッセージでもある。

続いて、「理系的ミスチェック体制」は次の2ステップによって完成される。
(1) 1回の改行で2つ以上の作業をしない。
(2) 3～5行の改行ごとに、自分自身の解答を見返す。

(1) は具体的に述べると、$a + b = c + d$ という式を1回の作業で $a - d = c - b$ まで持っていかないということである。上記の改行は厳密には2つの作業が同時に行われているので、ひとつずつの作業を愚直に行うことが必要である。つまり、上記の例では、$a - d + b = c$, $a - d = c - b$ のように2行に分けてしっかりと解答、もしくは計算用紙に書くということを意識することである。単純な計算に時間を割けないと思われる受験生もおられるだろうが、単純な計算をきっちりと書くことによってロスする時間よりも、単純な計算をミスして失う時間の方がはるかに大きいのである。ぜひ実践していただきたい。

そして（2）は、自分で行った計算を3〜5行ごとに、きっちりと見直すということである。ここでも正確・丁寧かつスピーディに見直しをしなければいけない。このように何重にもミスをチェックする体制は訓練によってクセをつけていくことによって得ることができるものであるから、日頃の意識が大切である。

　短期間で医学部に合格する人間はミスが少なく、また、彼らはミスの恐さを誰よりも知っているため、バカになったつもりで愚直にミスを防ぐ体制を身につけようとしているのである。医学部に合格したいと思われている多浪生は、この本を読んだその日から実践していただきたいと思う。

（5）情緒不安定

　情緒不安定の原因は第3章でも述べたように、不安である。それでは、なぜ一部の受験生の心を覆い尽くして情緒不安定にしてしまう程の不安が生じてしまうのか。それは、自分自身がゴールに向かって着実に進んでいるという感覚が持てないという理由と、開き直りができないという理由が考えられるということも前章で説明した。本章では、これらの理由を更に深く掘り下げていきたいと思う。

　まず、自分自身がゴールに向かって着実に進んでいるという感覚が持てない人々の特徴について見ていきたい。端的にいえば、彼らは臆病な傾向があるように私は思う。彼らは自分自身の現在の勉強法が不効率であることを心の奥では理解していながら、現在の勉強法を変える勇気が持てないからである。現在の勉強法を

やめてしまって、別の勉強法を取り入れてもそれが自分に合わなかった場合、今まで自分が積み上げてきたものが崩れてしまうのではないか、という恐怖心から、他人の提案を根本の部分では取り入れないという柔軟性に欠けた人種が多いのである。

　こうした特徴や、開き直りができないという特徴から見えてくる、この症例に陥る人種の本質は自信がないということである。自分に自信が持てないことがこの症例の根本原因なのである。今までのやり方で多少時間はかかったとはいえ、ある程度戦うことができるレベルまではくることができたという事実はそうした人種の人々にとっては信じることができる全てである。そして、たとえ他人がより効率的な勉強法を提案したとしても、今の勉強法から離れることができないのである。それは、自分自身に自信が持てないため、失敗したときのイメージが先行するためである。

　こうした症状に苦しむ受験生を救う手段は、成功体験を得させることである。一度自分のなかで誇りとなるような大きな成功体験をしたことがある人間とそうでない人間では、自信の程度に大きな差が出てくるものである。自分自身に自信を持てる人種はこぞというときに強いものである。他人にできて自分にできない問題はないと思うことができれば、他人に負けたくないという向上心が生まれてくるし、自分に解けない問題は他人に解けるわけがないと開き直ることができれば、良い意味で諦めることが早いという特徴に繋がっていくであろう。つまり、受験に対してプラスの効果を数多く得ることができるのである。当然、自信がある人間は、今回の症例のように過度の不安に心を覆われて情緒不安

定になるということは少ないであろう。

　自分のなかで誇りとなるような大きな成功体験を得ることができない場合は、小さな成功体験を積み重ねることによって同じ効果を身につけることもできる。むしろ、前者が過去の栄光のような成功体験にすがる可能性があることを考慮するならば、後者のように、現在の生活のなかで小さな成功体験を積み重ねる方が、より強固な自信を身につけることができるのかもしれない。受験に置き換えて話を進めると、毎日の勉強が他人に誇れる効果的な勉強法であったならば、成績はぐんぐんと上昇するであろうし、本試験においても無類の強さを発揮することができるのであろうと私は思うのである。

　最後に、第3章でも取り上げたように、情緒不安定な人種は、自分自身の実力を認めずに周囲に言い訳を探すクセがあるということについても触れておきたい。症例のなかでも取り上げた具体例を用いるならば、E君は自分自身の豆腐のようなメンタルではなくて、試験のたびに崩れてしまう体調のせいにしていて、Fさんは自分自身の不出来ではなくて、周囲の環境にケチをつけることによって自分自身の問題から目を背けようとしているのである。現在の自分が抱える問題に対して、効果的にアプローチできなければ、不安はいつまでたっても解消されない。今回の問題は、性格的な部分もかなり影響するため、一概にこれらが問題の100％の答えであるとは言い切れないが、自分自身の問題を直視するための自信や柔軟性がひとつの解決策であると私は考えている。

（6）各試験に対する効果的なアプローチが分からない

　これは当然のことであるが、本試験に限らず、ひとつずつの模試・試験に向けてきっちりとした対策を練ることで必ず良い成績を残すことができる。模試で測定される偏差値は受験において不可欠ではないが、己に対する自信の根拠となる指標でもある。その大学に合格するに足りるだけの偏差値があれば、本試験当日も「自分は大丈夫だ」という心のゆとりを多少なりとも感じることができるはずである。そのために、毎回の模試で成績を残していかなければいけない。また、模試はただ漫然と受けるのではなくて、ひとつずつの試験に対して自分なりの課題を課して、その課題をクリアして弱みを克服するためのペースメーカーでもある。弱みを克服しつつも弱み以外の点については学力を落とさないというスタンスで試験に挑めば、毎回前回以上の成績を安定的に取ることができるはずである。確かに全ての教科の成績において多少の振れ幅があるため、総合的に毎回前回以上の成績というわけにもいかないかもしれないが、長期的に見れば大まかに右肩上がりのグラフを描くことができるはずである。

　次に、具体的にどのように試験対策をすればいいかを紹介したいと思う。ここでは、第3章でも紹介していたように、「まとめノート」と「赤本ノート」について詳しく紹介していきたいと思う。

　「まとめノート」は主に知識系の単元において、自分自身が理解できていない、きっちりと暗記できていないという知識を自分なりにまとめたノートである。特に化学(無機化学、有機化学)、

生物、社会、古漢の文法分野などで有効なノートである。数学や物理などの演習系の科目にはあまり利用できないかもしれない。

　私の勉強法の特徴として、知識系の科目は、参考書に何度も繰り返し目を通して記憶する方法を提案しているが、参考書に何度も目を通すことで、理解できている部分と理解できていない部分が鮮明に浮かび上がってくる。理解できている部分は、読むスピードが早く、どんどんとページをめくっていくことができるのであるが、理解していない部分に関しては、なかなか喉元に引っかかって飲み込めない感覚に苦しむことが直感的に分かるはずである。しかし、このとき喉元に引っかかってなかなか飲み込むことができない知識こそが大切な知識なのである。引っかかる知識が理論的な知識であるならば、教科書などを参考にしながら理論を正確に自分自身のなかで理解して自分なりの言葉でまとめノートに書き綴っていくのである。要は、しっかりと暗記できていないがために、何度も引っかかってしまう知識をまとめたノートが「まとめノート」である。しかし、「まとめノート」を作成する際に注意しなければいけないポイントがいくつか存在する。以下に注意点をまとめておこうと思う。

Ⅰ、「まとめノート」に書いていく知識は箇条書きでいい

　今後、模試の直前などに何度も見直すことになるので、きれいに清書する必要はあるが、きっちりと正しい文章形式にこだわる必要はない。このノートの目的は自分に足りない知識を要領良くまとめておくことなので、形式などの枝葉にこだわっていては時

間がかかり過ぎる。正しい文章形式ではなくても、箇条書きでぽんぽんと知識を羅列していくだけで十分である。ただし、理論的な知識をまとめている部分は文章形式にした方が分かりやすいなど、自分に合ったスタイルを確立していただければいいが、本質的でない部分にこだわることはやめていただきたい。

II、順を追って体系的にまとめる必要はない

　完璧主義者に多いことだと思うが、「まとめノート」を完璧に仕上げようとして、単元ごとに前から順にまとめていかなければ気が済まない人がいる。しかし、そんなものは必要ない。「まとめノート」ではIでも述べたように、自分自身に足りない知識を箇条書きで次々に書き足していくやり方で良いのである。何も誰かに見せる参考書を作るわけではない。自分が理解できれば良いので、下手に完璧主義に固執する必要はない。順番などもあまりにめちゃくちゃでなければ枝葉のことである。

III、センター試験用と二次試験用に分ける

　当然のことであるが、センター試験と二次試験では、出題範囲が全く異なる。そのため、それぞれの範囲における「まとめノート」を最初から作成しておいたほうが、後で見直す際に効率的である。

　次に、「赤本ノート」について話を進めていきたいと思う。その前に、大学入試の特徴について触れておきたいと思う。私は大

学入試においては模試の成績が合否に直接的に関係するとは考えていない。各予備校が開催している模試の問題は、とても素直な問題が多く基本的に良問であるといえる。しかし、後にセンター国語対策について触れるときにも述べているが、センター試験を含め、大学入試の問題は良問ばかりが出題されるわけではなくて、一種奇形の問題が出題されることも多々あるのである。模試の成績は良問に対する対応力を測られているに過ぎない。そのため、大学入試をクリアするためには、センター試験や各大学が出題する奇形の問題も含めた傾向と対策が必要となるのである。

結局、参考書をまとめた二次試験用の「まとめノート」も良問から抽出した知識をまとめたものでしかないため、それだけでは奇形の問題も出題する二次試験を完全に攻略できるわけではないのである。そのために、「赤本ノート」が必要となるのである。「赤本ノート」も知識系の教科に効果的で、演習系の教科にはあまり利用はしなかった。それでは次にどのような点に注意して「赤本ノート」を作成すればいいか説明したい。

まず、各大学における入試の問題は、作成する教授が限られているという問題から傾向が偏ってしまうということが多い。これは単科大学において顕著であるが、総合大学でも同じ傾向にあるようである。そのため、赤本をよく研究して、よく出題される範囲とあまり出題されない範囲を分別することが最初のステップである。そして、よく出題される範囲のなかに自分自身で苦手だと認識する分野があれば、優先的に学習するべきであろう。出題されやすい傾向にある分野において自分自身が少しでも苦手だと認

識する知識をまとめたものが「赤本ノート」である。このノートの作成のポイントは「まとめノート」と同様であるから、ここでは省略する。

このようにして作成した「まとめノート」、「赤本ノート」を活用してそれぞれの試験に対して効果的なアプローチをするのが私の提案する試験対策である。もう少し詳しくお話すれば、模試の直前は、知識系の教科に関しては「まとめノート」を復習、演習系の教科に関しては自分が苦手だと認識している問題を何度も繰り返し解き直していた。演習系の教科においては、模試の直前期に照準を合わせて自分が解きにくいと感じる問題を予めピックアップしていた。ここでも直前期に何をするかに照準を合わせた動きがポイントになることが分かっていただけると思う。

最後に、模試に関する直前期までの動きをまとめると、演習系の教科は自分にとって課題となる問題をピックアップする。そして、知識系の教科は「まとめノート」を作成、また、折をみて暗記作業にかかる。直前期は、演習系の教科に関しては、ピックアップした問題を何度もこなす。知識系の教科は「まとめノート」を暗記、多少の問題演習である。以下に各教科における私の具体的な模試対策を簡単に紹介しておきたいと思う。

センター模試

英語：『速読英単語』掲載の文章を復習。英単語、英文法をスピーディに確認。
　　　各予備校が販売している実践問題集を使用して問題演習。

数学：各予備校が販売している実践問題集を使用して問題演習。
国語：各予備校が販売している実践問題集を使用して問題演習。
古漢：センター試験用「まとめノート」で復習。古文単語の復習。
　　　国語教科については、現代文、古文、漢文を問わず、これまでの模試で難しいと感じた文章をコピー、貼り付けしたノートを作成していたため、このノートに貼り付けた文章を何度も復習。問題文をコピーする際に設問は省いていた。文章構成を素早く把握するという目的で作成していたからである。
生物：センター試験用「まとめノート」復習。
　　　各予備校が販売している実践問題集を使用して問題演習。
化学：センター試験用「まとめノート」復習。
　　　各予備校が販売している実践問題集を使用して問題演習。
社会：センター試験用「まとめノート」復習。
　　　各予備校が販売している実践問題集を使用して問題演習。

記述模試

英語：『英語長文問題精講』において、読みにくいと感じた長文を何度も復習。
　　　英単語や英文法をスピーディに確認。
数学：『1対1対応の数学』、予備校で使用したテキストにおいて、苦手だと感じた問題を何度も解き直す。
生物：二次試験用「まとめノート」の復習。
化学：二次試験用「まとめノート」の復習。

計算単元において解きにくいと感じた問題の解き直し。

（7）効果的な年間計画が立てられない

　症例3でも述べているように、受験は直前期が最も大切である。本試験に向けて右肩上がりに集中力を上げてきた人間と、失速していった人間では、最終的に同じ程度の学力でも結果は全く異なる。そのために、皆様には効率的に集中力を高めていくことができるような年間計画を立案していただかなければいけない。あくまでこれは私の提案に過ぎないが、まず1年間を大きく4つのフェーズに区分けすることから始めたい。
（ⅰ）4月～11月末：一般学力養成期
（ⅱ）12月～センター試験：センター直前期
（ⅲ）センター試験～1月末：出願校決定期
（ⅳ）出願～二次試験：二次直前期

　上記の各フェーズにおける重要度はほとんど同じであると私は考えている。例えば、あまり成績の良くなかった受験生が直前の頑張りで見事難関大学に合格してしまうことがある。もし1年間で同じだけの勉強量をこなすのであれば、それは直前期比重型の方が上手くいくのである。その他に注目していただきたい点は、（ⅲ）出願校決定期である。医学部の出願校選択は非常に重要なので、受験生全体の流れを読み、よく考えて出願するべきである。詳細は下記の「3分の2理論」で説明する。
　さらに、（ⅰ）は3つのフェーズに区分けする。

（1）4月〜6月：復習期(これまでの知識の総復習)
（2）7・8月：センター完成期
（3）9月〜11月：二次完成期

　それぞれのフェーズで自分自身の課題設定をして、それを着実にクリアする。ひとつひとつの課題をクリアしていくことによって合格は間違いなく近づいていくことを常に頭の片隅に置きながら勉強に励んでいただきたいと思う。また、上記はあくまでモデルであり、各過程における詳細な予定は、個々人の成績状況やメンタル管理に合わせてオーダーメイドする必要があることも付け加えておく。個々人によって、事情が異なることは当然であり、その事情に合わせた形で年間計画を立案しなければ、計画は形骸化してしまうからである。これらの理論を分かりやすくまとめたものが第6章にあるので、ぜひ参考にしていただきたい。

＊「3分の2理論」

　国公立大医学部の合格に向けた「戦略」に関わる理論として上記の他に「3分の2理論」がある。これは出願校決定において重要な考え方である。そもそも、国公立大医学部に合格するためには下記の3点のうち2点を成功させることが要件となる。

　1、センター試験　2、適切な出願校の選択　3、二次試験

例えば、センター試験と二次試験の結果が良ければ、出願校で悩む必要などなく、どこであろうが合格できるだろう。しかし、二次力がなくてもセンター試験の結果と賢い出願校選択次第で合格は十分に可能である。また、センター試験を失敗したとしても、出願校選択で間違えず、きっちりと二次試験をクリアすれば、これまた医学部合格は可能となる。ここで私が主張したいことは、「出願校選択」の重要性である。多浪までして己のプライドや見栄で出願校を選択することは、ひとつの考え方ではあるが賢い選択ではないと私は考える。どの大学を卒業しても医師免許は取れるし、その後の進路に卒業大学は大きな影響を持たないからである。

次に、下記の視点で出願校を考えていただきたいと思う。まず、適切な出願校選びの重要な指標になるものは「傾斜配点」と「出願倍率」である。まずは自分に有利になる傾斜配点を採用している大学を候補に入れる。次に受験生の流れを読んで、最終的に低倍率になりそうな大学を選択する。最終的に低倍率の大学を選択できたならば合格は近づくし、逆に高倍率の大学に出願してしまったならば合格は少し難しくなる。

出願倍率は基本的に規則性を持って変動する。その規則性は「V字の法則」である。とても単純である。前年度の出願倍率が低いならば今年度の出願倍率は上昇する。逆もまたしかりである。出願倍率が合格の難易度に繋がる仕組みを理解していただくために、医学部に合格する受験生の質についての説明が必要である。医学部に合格する受験生のうち、トップ層の多くは**順当に**合格し

た者である。センター試験をきちんと得点し、志望大学の傾向をきっちりと対策したものがトップ層に君臨できる可能性が高い。そして合格者平均点周辺の中堅層は、堅実な実力を持っているが、センター試験や二次対策が多少弱かった可能性がある。そして、人数として最も多い層が合格最低点付近の合格者層である。彼らは、センター試験や二次試験で繰り広げた泥沼の戦いを、他の受験生よりも頭ひとつ抜け出したことで何とか合格を勝ち得た可能性が高い。合格者層のうち、トップ層や中堅層の多くは二次試験を受験する前からほとんど合格が決まっているようなものである。与えられた座席のうち、トップ層や中堅層が優先的に占めていき、余った座席を多数の受験生で争い、センター試験や二次試験の結果、頭ひとつ抜き出た受験生が最後に何とか合格するという図式である。このとき、出願倍率が上がれば、合格最低点を争う受験生の数が増えるため、泥沼の戦いはさらに激しさを増す。この戦いにおいては、ひとつの小さなミスや誤字までもが命取りになるのである。このことから、**順当に**合格する受験生にとっては関係のない倍率も多くの受験生にとっては難易度と比例する指標といえる。しかし、トップ層で合格する予定であった受験生も当日何があるかは分からない。誰がどのような思い込みやたわいのないミスをしてしまうかは結果が出るまでは分からない。そのため、トップ層で合格する実力を持っていても中堅層実力者でも出願倍率は考慮しておいたほうが無難である。

　また、社会的な要素も勘案するべきであるが、策に溺れても駄目である。1995年の阪神大震災や2011年の東日本大震災の例

のように、震災が起きたからといって被災地の大学の出願倍率は下がるどころか上昇したし、視野を広げると全国の受験生が似たようなことを考えているのも事実である。そのため、全国の受験生のウラをかかなくてはいけない。

　その他の出願校決定の指標になるものは、理科の選択科目の有利不利、過去の受験経験の有無や再受験生に対する受け入れ体制があるかなどである。例えば、理科の選択科目で生物選択者にかなり酷である大学は確かに存在する。そもそも物理選択者しか取らないと明言している大学までも存在する。

　これら全ての要素を全て踏まえてベストな出願校を選択するのである。かなり複雑で難しい作業であるが、この手順が順当に合格するためには必要である。私はこの作業にセンター試験後から出願期限ギリギリまで時間をかけた。
（私の場合、約10日間二次試験に向けた勉強の傍ら、出願校決定に頭を悩ませた。）

・コラム・

10：結果にこだわる

　世間というものは結果でしか人を評価しない。途中どれほどの涙ぐましい努力をしようが結果が伴わなければ、それは何もしていないのと同じことなのだ。だから、やるからには必ず結果を出さなければならない。

　勉強でも同じことがいえると私は思う。どれだけ勉強したかはどうでもいい。その日の勉強でどれだけの成果が上がったのか、それは具体的に合格に結びついているのか、が重要なのだ。私は１日ごとのノルマを設定し、それをきっちりとこなすことが着実に合格に結びつくと信じている。ここで課されるノルマは合格に結びつく形でなければならない。１日の勉強時間 10 時間という文言は私の指し示すところのノルマではない。10 時間の勉強時間内に、全ての勉強時間を 100％の集中力でもってして達成できるか否かギリギリのラインの勉強量をこなすことを組み込んで初めて、私の指し示すところのノルマとなるのである。ここでも大切なことは結果である。

　１年間の浪人生活の結果として、当然合格を勝ち得なければいけない。しかし、１年間の結果にこだわる前に、より目前にある１ヶ月の結果、１週間の結果、１時間の結果にまでこだわるのである。むしろ１時間の結果にこだわり続けることで１年間の結果が得られるのであろう。

　しかし、いつも望ましい結果が得られるとは限らない。そして、

・コラム・

　望んだ結果が出なかったとき、「仕方がなかった」で片付けてはならない。なぜそれが失敗に終わったのか、自分がどういう過ちを犯したのか、どうすればそれが改善されるのか、これらのことを考えなくてはならない。人は過ちを犯すものだが、大切なのはその後である。失敗の原因を見つけ出せたならば、その失敗も価値あるものとなる。

　また、望まない結果が出てしまったときも、そのときの気持ちを風化させてはいけない。最も強烈なモチベーションは自分自身の気持ちである。他人から浴びせられた言葉や屈辱的な結果も自分のなかでどのように処理するかでまるでその効力は変わってしまう。望んだ結果が得られなかったときの悔しさや屈辱は目に見える形で保存して何度も見返すことをお勧めする。そのときの気持ちを書き綴り、目に留まる場所に張り付けておけばいい。同様に、模試の悪い結果も目に留まる場所に保存しておくことは有効である。

　このコラムを読んだならば、受験生の皆様は今日から、年間の目標のみならずせめて1日単位での結果や達成度にもこだわっていただきたいと思う。結果にこだわるという小さな種が、来年の春合格通知という大きな花となって皆様のもとに届くことを期待したい。

• コラム •

11：センター試験の重要性

　「3分の2理論」にあるように、センター試験・出願先選択・二次試験の3要件のうち2つを満たせば、合格自体は勝ち得ることができる。しかし、3要件は全て同等の価値を持つわけではない。全てとても重要であることには違いないが、センター試験は特に重要なファクターである。

　私は受験には、試験に向けた正しいメンタルコントロールが重要であると考えている。そして、センター試験は結果以上にセンター試験後のメンタルに良くも悪くも作用する別の機能を持つため、センター試験が医学部受験において最も大きな壁であると考えている。センター試験の結果が芳しくない場合、不安や焦りが生まれ、また自信を失うなどして、その後の二次試験までの時間を集中して勉強できなくなる危険性がある。つまり、センター試験が芳しくなかったという事実だけに留まらず、その後の勉強の集中力に影響をきたすという二次被害も発生させるのである。逆にセンター試験をきっちりと得点することで、二次試験までの期間は集中力が日に日に増していくことが実感できるはずである。合格にリーチがかかっていることを思えば、一部のそうした状況に油断する者を除いて、一般的な受験生は可能な限りの時間を二次試験対策に集中しようと思うはずであるからである。直前期に培った集中力の差は、そのまま本試験の結果に結びつく傾向がある。

・コラム・

　確かに、センター試験の結果が悪かったにもかかわらず、二次試験で逆転して合格を勝ち取る受験生も存在する。しかし、このパターンは皆様の模範とするには運の要素が強いためお勧めはできない。このように、センター試験の不出来を認め、半ば開き直りの境地に達して二次試験の勉強に集中できる受験生はセンター試験の重要性など関係のない話であるかもしれないが、そこまでの精神力を持った受験生はいないことも事実であろう。それどころか逆に、普段の実力を出すことができれば合格することが可能な受験生でも、センター試験の不出来で頭がいっぱいになり、二次試験までの期間を不毛に過ごしてしまったがために合格を勝ち取ることができない受験生が一般的であるように、私は経験上思うのである。

　このような理由から、センター試験はその後の精神衛生上の観点からしっかり取っておくことをお勧めする。こうした観点を考慮すると、センター試験は３つの重要項目のなかでも最も大切であるといえる。

　しかし、センター試験の結果はそのときのちょっとしたミスや精神の乱れでまるで変わってしまうものである。センター試験に失敗した場合を考えて二次力を養っておく必要がある。センター試験が悪くても出願校選択と二次試験次第で合格は可能であるし、「自分には二次力がある」と思うことができれば、二次試験までの期間にメンタルが崩れるリスクを軽減できるからである。

• コラム •

12：センター試験に失敗した場合

　医学部多浪生のなかには、センター試験が苦手な方も多々おられるのではないかと思う。ご多分に漏れず私がまさにそうであった。センター試験が終了した翌日の予備校や塾はいろんな顔をした人々でごったがえす。友人が高得点で狂喜乱舞する中、自分だけがさえない得点率をひっさげて出願校を模索しているときには言いしれぬ不安を伴うものであろう。

　では、仮にセンター試験の結果が芳しくなかった時はどうするべきなのだろうか。焦りの気持ちで出願校を選択して、二次試験の勉強を始めていいのだろうか。答えはもちろん NO だ。これは明らかな戦略ミスである。医学部は大学によってセンター試験と二次試験の配点がまちまちではあるが、センター試験の結果が芳しくない場合、とりあえず二次試験の配点が高い大学を出願するしか手段はないであろう。その他にも考慮する要素はいくつか存在するが、賢明な判断で出願校を決定した後も、焦りの気持ちで慌てて二次試験の対策をするべきではない。

　もしあなたがセンター試験後に、第一希望の大学において各予備校が発表しているボーダー得点よりいくらかのマイナスをくらって悲観していたとしよう。しかし、センター試験と二次試験との比率が1対1の大学を選択していたとすれば、センター試験終了後はようやく折り返し地点ということになる。センター試験終了後もまだ半分の得点を争う闘いが待っているわけである。こ

• コラム •

のとき、このような考え方もできるだろう。人間である限り試験では何らかの失点をしてしまうこともある。いや、ほとんどの受験生は実力以外の部分でケアレスミスをしてしまっているものである。英・数・理科2科目で積算すれば、取りこぼした点数は相当な得点となるだろう。もしこれらの取りこぼしを拾っていくことができたならば、センター試験におけるいくらかのビハインドなど取るに足らないのではないか。焦りで動き出す前に、まずは落ち着いて次の対策を冷静に考えることが大切である。

センター試験でのわずかなプラス点など、二次試験では簡単に喰いつぶしてマイナスに転じうるし、また数十点のマイナス点であっても、二次試験のでき次第で簡単にひっくり返すことができる。そのため、もしセンター試験の結果が芳しくなかったとしても皆様には冷静になっていただきたいと思う。

センター試験の結果でほとんど合否が決まってしまう後期試験や一部の大学の前期試験はさておき、そもそもセンター試験で高得点を取って合格を勝ち取った人々は、センター試験が高得点であったから合格したわけではない。彼らはセンター試験で高得点を取れるだけ直前期に集中して勉強できる人間であったため、二次試験対策においても二次試験対策に集中することができたのであろう。そして、結果として本試験でも大きなミスをすることなく無事合格することができたのであろう。当然であるがセンター試験の結果の良し悪しだけで合否が決まるわけではない。また、センター試験の出来不出来は、二次試験の勉強に一切の影響を与

• コラム •

えない。センター試験の出来と二次試験の対策は別の次元の話である。センター試験の結果が良かったので少し余裕を持って勉強できる、というわけではない。逆にセンター試験の結果が悪かったからと言って睡眠時間を削ってでも勉強に励む、というわけでもない。大切なことは、二次試験対策はセンター試験の結果にかかわらず、当初計画していた通りに、淡々と自分の弱点や穴をつぶす作業に着手するだけなのだ。そこに「余裕」や「焦り」といった概念を組み込む余地などないのである。

　二次試験の対策をする際に大切なことは、自分自身の学力について客観的な判断を下し、冷静に逆転までのプロセスを算段することである。そして、自分自身に何が足りないのか、合格までの不足分を計算し、試験までの日数を考慮して冷静に計画を組み立てていくのである。今の自分に足りないものを考える行為には客観性が必要である。あたかも赤の他人にそうするかのように、自分自身で自分にけちをつけるのだ。焦りで動き出す前に、自分自身を客観的に分析し、何をどれだけの期間でどこまでやるのかを計算して綿密に計画を練らなければいけない。分析の結果、今の自分がこれだけやれば合格できる、と納得できる計画を立てることができて初めて二次対策に動き出すことになる。何の策略もなく、ただ焦って行動するのは、まさに愚の骨頂である。

　どのような状態にあっても、そのとき発揮できるベストを尽くすことしか人間にはできない。それ以上の余計な考えは捨て去ってしまえば良いと私は思う。

第5章

教科ごとのアプローチ

第5章 教科ごとのアプローチ

医学部合格のための科目別勉強法

★受験勉強はすべて記憶だ!!

　まず受験の本質について何点か触れる。その後、私の具体的な教科ごとのアプローチと年間のプランについて言及する。私個人が提案する勉強法なので、絶対的な要素はないが、特に**センター現代文**は力を入れて書いた。巷で市販されている勉強法について書いている参考書の多くはセンター国語の勉強法についてはぞんざいであるように私は常々感じていた。確かにセンター国語は得点の浮き沈みが激しく、水物であるような感覚がある教科であるため、勉強法を確立することができなかった著者がほとんどなのであろうと思う。しかし、受験生が最も攻略に困っている教科はセンター国語であることは間違いないため、私はこの教科に関しては研究を重ね、システマチックに得点できるようになる勉強法を確立したつもりである。センター国語のなかでも、読解ができれば正解に至ることができる古文や漢文よりも攻略のための糸口があいまいな現代文に特に着目した。最終的にセンター国語のなかでも現代文が最も攻略しづらい科目であると考えるようになったからである。センター現代文の攻略法については、他の教科に対するアプローチと並列的な扱いではなく特記事項として扱うものとした。

勉強の本質のひとつ目は、受験勉強＝記憶だということである。しかし、記憶には２種類存在すると私は考える。「文系記憶」と「理系記憶」である。「文系記憶」は人名や物質名、単語の意味などの単純な記憶である。「理系記憶」は論理展開の記憶である。論理を理解しながら記憶することが必要になる。私は意味のない言葉の羅列を記憶することが苦手だったので、文系記憶は多くの場合、自分流のゴロ合わせを作って記憶するようにしていた。英単語はその単語の語源を理解することで、その単語のイメージを記憶した。たくさん存在する単語の意味を全て記憶することは私には困難に感じられたし、英文和訳では辞書的な訳語より文脈に合った単語の意味をその都度自分で考え出さなければいけない場合が多いため、各英単語のもとの意味や語源を理解することに尽力したのである。それでも記憶できないものに限り力ずくで暗記する単純記憶に頼るという方法をとっていた。単純記憶は私の場合とても記憶の定着が悪かったため、なるべく頼らないようにしていた。しかし、英単語の記憶法などは音で覚える方法や何かと連想して覚える方法など自分に合った記憶法で覚えればいいと思う。ここで私は特定の記憶法にこだわるつもりはない。

　本質的な勉強法として注意しなければいけない２つ目は、記憶の効率を上げるために、同じテキストを何度も復習するということである。記憶は正確でなければ意味がないし、正確な記憶には反復学習が不可欠である。そのため、参考書・問題集を次々と変えることは記憶の定着が悪く、勉強効率は低いといえる。

　これらの前提を説明した後に、全ての教科を大きく３つのタ

イプに分類したいと私は思う。その3つのタイプとは、読解系、知識系と演習系である。読解系は国語と英語が該当し、知識系は生物・化学と社会科である。演習系は数学や物理、化学の一部の単元である。読解系の教科は読解に必要となる単語や文法といった前提的な知識を押さえ、その上で多くの文章を読み込んで読解力を磨いていく必要がある。知識系は多くの知識を正確にインプットし、問題の要求に合わせて知識をアウトプットする必要がある。演習系においても知識は前提的であり、むしろその知識をいかに使うかという点が見られる。ここでも知識を正確にインプットし、インプットした知識を使用して論理を構築する力がキーとなる。

　まずは私がお勧めしたい参考書について紹介したいと思う。私が受験時代に使用したものも多く含まれている。各教科でお勧めの参考書は以下の通りである

英語：『速読英単語（必修編）』（Z会出版）
　　　『速読英熟語』（Z会出版）
　　　『英語長文問題精講』（旺文社）

国語(現代文)：『ゴロゴ板野のセンター現代文解法パターン集』（アルス工房）
　　　『センター試験現代文正答率別問題集』（アルス工房）
　　(古文)：『ゴロで覚える古文単語565』（アルス工房）

『ステップアップノート30古典文法基礎ドリル』(河合出版)
（漢文）：『早覚え速答法』（学研）

数学：『センター試験実戦模試ⅠA・ⅡB』（Z会出版）
　　　『1対1対応の演習数学ⅢC』（東京出版）

生物：『センター試験生物Ⅰの点数が面白いほどとれる本』（中経出版）
　　　『理解しやすい生物ⅠⅡ』（文英堂）
　　　『理系標準問題集』（駿台文庫）
　　　『ダイナミックワイド図説生物』（東京書籍）
　　　『視覚でとらえるフォトサイエンス生物図録』（数研出版）

化学：『センター試験化学Ⅰの点数が面白いほどとれる本』（中経出版）
　　　『照井俊の化学　有機化学の最重点照井式解法カード』（学習研究社）
　　　『照井俊の化学　無機化学の最重点照井式解法カード』（学習研究社）
　　　『照井俊の化学　理論化学の最重点照井式解法カード』（学習研究社）
　　　『化学ⅠⅡ基礎問題精講』（旺文社）
　　　『視覚でとらえるフォトサイエンス化学図録』（数研出版）

地理：『センター試験地理Bの点数が面白いほどとれる本』(中経出版)
『図解地理資料』(帝国書院)

次に、これらの参考書を使用した教科ごとの勉強法について見ていきたいと思う。

英語の勉強法

医学部受験生のなかでこの教科が苦手であるという方は多く存在するだろう。そうした方は、基本的な文法や単語もあいまいなままになっているのではないだろうか。英語はすぐに努力が反映しない教科ではあるが、適切な手順を踏めば必ず伸びるものでもある。

まずは単語から始めたいと思う。単語帳としてはZ会出版の『速読英単語(必修編)』を何度も読み込んでいくことがお勧めである。これは、短いストーリーの長文が60題ほどあり、これらを読み込んでいくと、長文やイディオム、文法、単語と全ての力が効率的につくので優れものである。これだけでは不足しているイディオムや熟語は、『速読英熟語』(Z会出版)で補っていた。しかし、この参考書はあくまで『速読英単語』のサブ的な役割であった。

次に、長文問題集として、私は『英語長文問題精講』(旺文社)を使用していた。この問題集の問題を何度も読み込むことで、医学部受験を戦う上で十分な読解力を身につけることができるので

ある。今回紹介している勉強法は、ある程度の学力レベルの受験生対象のものであるため、『英語長文問題精講』(旺文社) が難しいと感じる受験生は『基礎英語長文問題精講』(旺文社) から始めることも手である。入試の英語の真髄は、結局単語や文法ではなく長文の攻略である。単語や文法などの基礎部分は全て長文を読むための道具でしかない。ここで紹介している長文を、入試直前まで何度も何度も繰り返し読み込む勉強法が私の英語における勉強法である。長文に強い受験生ほど馴染んだ文章を何度も繰り返し読み込んでいるものである。

英語における読解力の差は、何度も繰り返し読み込んでいる英語長文のストック数の差であるということができる。ほとんど記憶しそうなくらいに何度も読み込んでいる長文数が、医学部受験の場合200くらいあれば十分に戦うことができるであろう。

本書の勉強の仕方としてお勧めなのは設問を無視して、単なる読み物として扱うことである。こうすることで設問にかかる時間を削れるのでかなり時間短縮になる。長文問題は内容さえ理解できれば解くことができるので、設問にこだわる必要はないのである。内容がしっかりと理解できるようになるまで、設問にこだわらず読み物として何度も読み込むのである。このようにして、毎日長文を繰り返し読み込むことで、英語脳を構築することが英語攻略のポイントである。

英作文は、とにかく暗記がものをいう。空でいえるレベルの短い英文フレーズのストックが必要だ。英作の勉強には『ドラゴン・イングリッシュ基本英文100』(講談社) が特にお勧めである。

この参考書を利用して定石フレーズを暗記したい。

　リスニングは、Z会出版の『速読英単語（必修編）』に別売りしている CD を何回も聴きながら、本文をシャドーイングすれば良い。これは予備校や学校までの移動時間などの細切れの時間に行うのがベストだ。

　総じて英語は毎日英語に触れることによって英語脳を養うことが大切である。英語脳になって文章を原文のまま理解できる思考法を身につけることができれば、面白いほど成績は伸びるものである。そのため、たとえリスニングを使わない受験生であっても、上記の CD を用いて常日頃英語を聴く習慣をつけることを強くお勧めする。

数学の勉強法

　この教科ははっきりと断言する。典型的な暗記教科である。典型的な解法、試験によく出る解法を一通り覚えてしまえばほとんど勝ちといっても過言ではない。試験によく出る解法がよくまとまっている参考書が『1対1対応の数学』シリーズである。私は数ⅢCしか使用しなかったが、その他のⅠA、ⅡBもとても良い参考書である。ⅠA、ⅡBに自信がない受験生はこれらを利用するのも良いだろう。私の場合はZ会出版の『センター試験実戦模試』を繰り返し学習していた。とても難しいし、センター

試験と同じ60分で解き切れる代物ではないが、ⅠA、ⅡBに関してはこの問題集1冊でかなりの数学力がつく。難しいので初級者にはお勧めはできないが、ある程度の実力者であれば、ぜひ試していただきたい。

しかし、『1対1対応の数学』シリーズが難しすぎるという受験生のためにも、医学部合格までの基本的な道筋を紹介しておく。

まずは、基礎的な学力をつけることを目的に、数研出版の『黄チャート』を例題のみでいいので全て完璧に頭に叩き込んでいただくことになる。これは単純な理論記憶である。この過程をしっかりとこなすことで基礎的な力はかなりつくであろう。模試においても偏差値60を切ることはほとんどなくなるレベルである。しかし、このとき欲張って『青チャート』などに手を出してはいけない。この参考書は、初級者が基礎力を身につけるために学習するためのものではない。

『黄チャート』も完璧にすることができたならば、仕上げに『1対1対応の数学』（東京出版）を全てこなしていただきたい。これらは初見ではほとんど解けないし、理解も難しいであろうが、何としてでも全て頭に叩き込んでいただきたい。全てをやりきったならば、医学部受験の二次数学でも対等に戦えていることであろう。

最後に、これら全ての参考書は一度やって終わりではなく、何度も反復して自分自身の血肉となるまで繰り返すことが必要であることを付け加えておく。決して新しい参考書に次々に手をつけてはいけない。

国語の勉強法

　この教科はセンター試験だけの教科であるが、かなりの時間を割いて分析をしたつもりである。現代文については過去問研究が基本的な勉強題材であり、その研究結果が特記項目として扱った「センター現代文攻略法」である。そのため、ここでは古文、漢文の勉強法だけを紹介することにする。

　まず、古文に関して述べるならば基本的な単語と文法をマスターすることが第一条件である。古文単語は、『ゴロで覚える古文単語565』（アルス工房）を使用して暗記した。基本的な単語を押さえることがこの単語帳の目的なので、マニアックな単語は覚えようとはしなかった。

　古文文法は、『ステップアップノート30 古典文法基礎ドリル』（河合出版）がお勧めである。必要最低限の基本的な文法事項が薄い冊子にうまくまとまっているのである。

　しかし、これらの知識は古文の文章を読むための前提条件であるから、これだけの知識を身につけただけではセンター古文を攻略できない。英語においてもそうであったように、毎日古文と触れ合うことで古文脳を構築することが大切なのである。毎日触れ合う文章として、私はセンター過去問を解く上で読みにくいと感じた文章を使用した。基本的に机の上で対処する教科ではないと思っていたので、英語と同様、移動時間などの細切れの時間を利用して古文の文章を読むようにしていた。その際、設問にはこだ

わらず文章だけをコピーして読み物として扱っていた。

　漢文は、基本句形を記憶して、実践として過去問で演習した。基本句形を記憶するための参考書としては、『早覚え速答法』（学研）がお勧めである。この参考書もとても薄いのであるが、必要最低限の句形が全て網羅されているのである。この参考書を利用して基本句形を覚えたのち過去問演習を行い、理解に苦しんだ文章はコピーして何度も繰り返し読み込んでいった。古文と同様、問題文だけをコピーして持ち運んでいた。

生物の勉強法

　理科は、はっきりいって底の浅い教科である。そのため、良問が揃っているのであれば、少ない数の参考書でも効率よく力を伸ばすことができる。しかし、医学部受験における最大の得点源は理科であり、この教科で失点が許されないため、きっちりと綿密に仕上げなければならない。

　まずは、『センター試験生物Ⅰの点数が面白いほどとれる本』（中経出版）が初級者の最初の第一歩としてはお勧めである。この参考書に何回も目を通した後に、それでも記憶できていない知識をひとつずつ「まとめノート」にまとめておく勉強法を私は取り入れていた。その後、問題集を1冊解いてみるのであるが、駿台文庫の『理系標準問題集』が個人的にはお勧めである。生物Ⅱの範

囲はこの段階では未習部分なので、『理解しやすい生物ⅠⅡ』(文英堂)で理解しながら解き進めていく勉強法が良いであろうと思う。また、『ダイナミックワイド図説生物』(東京書籍)、『視覚でとらえるフォトサイエンス生物図録』(数研出版)などの図解を見ながら解き進めていく手法も効率的である。その際、問題集の問題を自力で解こうとせずに最初から答えを見て覚え込んでいく勉強法が効率的である。上記に挙げた図解はどちらの出版社でもよいので必ず購入することをお勧めする。最終的に図解を読み込んでいく勉強法が真の生物マスターへの近道である。最後に、私の場合は細かい知識は模試に何度もあたって復習をしていくうちに自然と身についていたため、二次試験対応の記述形式の模試は何度も受験することも戦法としてお勧めしたい。

化学の勉強法

まず基礎知識の仕入れに、『センター試験化学Ⅰの点数が面白いほどとれる本』(中経出版)を何度も読み込んでいく。何度も読み込んでそれでも記憶できていない知識は「まとめノート」にまとめていく。ここまでの勉強法は生物と同様である。

次に、有機分野と無機分野と理論分野は、『照井俊の化学　照井式解法カード』(学習研究社)が私にはとても理解しやすかった。これらも読み込んでいって、知識は「まとめノート」にまとめていって欲しいところである。

ここまで準備したならば、次は問題集を1冊仕上げる段階である。その際の問題集は、『化学ⅠⅡ基礎問題精講』(旺文社)が個人的にはお勧めである。この問題集を1冊やりきることによって、基礎的な力がかなり整備される。そして、生物と同様細かい知識は模試にあたって復習をするなかで記憶されていくので、記述式の模試は何度も受験すること。

地理の勉強法

　最初に、『センター試験地理Bの点数が面白いほどとれる本』(中経出版)を何度も読み込んで「まとめノート」に覚束ない知識をまとめていく過程は同じである。このとき、本書には重要な気候、風土、地名、植生などが盛りだくさんに書かれているので、これらは必ず白地図に自分で描いてみることが大切である。このような学習によって、どのあたりがどのような気候区分であったかなどの感覚的な理解をえることができるからである。

　また、地理は正確に地名と場所を対応させて覚えなければならないので、地理を勉強するときは地図帳も常備すること。地図帳は『図解地理資料』(帝国書院)が良いであろう。

　本書を一通りまとめ終えたならば、次は実践である。河合や駿台など大手予備校のマーク問題集を利用して、実際に問題にあたってみる段階である。問題を解いて忘れていた知識や知らなかった知識は全て「まとめノート」に書き込んでいく。

また、地理は地誌だけではなく、国内や世界の様々な国々の政治経済、紛争、環境問題、歴史、など幅広く取り扱うので、日頃から様々なニュースに目を向けることも大事である。

　各教科に対して、レベルに区分けしてより詳細に書いていきたいが今回は割愛させていただく。私の勉強法を紹介することが本書の第一の目的ではないからである。

センター現代文攻略法

第一部 センター現代文の概観

①本文（問題文）

　評論・小説を問わず、センター現代文の本文は、国公立大の二次試験や私立大の個別試験と比較して圧倒的に長い。そしてただ長いのみならず、特に評論は、文章の難易度も「高校卒業程度」の学力を測っているにしてはやや難しめで硬質な文章が出題されることが特徴的である。

　だがそれでもセンター試験の過去問を数年分でもじっくりと解いてみると、ただ無為に長い文章を出題しているわけではないことが次第に分かってくる。評論も小説も問題文中で必ず一度「フック」がかかるのである。言い換えれば、評論ならば私たちになじみ深い常識的な知見を覆すような一発がおみまいされ、その視点に立脚しつつそれ以降の話が展開されていく。これが評論における「フック」である。ここを見失うと、文章の内容が全く理解できないという事態に陥りかねない。

　こと人文科学分野では、常識の範囲にありつつも他の人が思いつきもしなかった視点から、ある社会現象をクリアカットに記述することができたときに喝采をあびるという特徴を持つ。多くの研究者の目的のひとつはこの地点にあり、日夜多くの新しい言説が生み出されている。センター試験の出題委員はこの

言説のうちから、著者があまりメジャーすぎず、かつ教育的に問題のない(結論として未成年者の売春を肯定するものや、政治的に偏った主張に帰結する文章は絶対に出題されない)ものを選んでいるよう思える。著者があまりに有名だと(一体誰を基準にして「有名」とするかは議論の余地があるが)読んだことがある／なしで受験生にハンディキャップがつく恐れがあるからであり、また後者に関しては、そもそもの問題作成のモチベーションとしていい意味で「受験生の印象に残る」内容の文章を出題したいと教育的配慮があるという話をしばしば耳にすることもある。

　ちなみに、現代文に関しては自分が読んだことがある文章が出題されたからといって、それが必ずしも有利に働くとは限らないと私は思う。それよりもむしろ有害なことが多いように思う。これはまた後述するが、現代文の試験の真髄は**問題制作者**が考えるところの「正しい」選択肢を見抜くことである。もちろん多くの場合は誰が読んでも「正しい」選択肢に行き着くのであるが、事前にその文章について自分なりのオリジナルの読みを持っていて、かつその読みが決定的に誤っていたとすると、正解を選べなくなるどころか「見知っている文章であるにもかかわらず解けない」という事態に焦りまくることになるのである。したがって、結果として未読の文章の方が逆に落ち着いて取り組めるのではないだろうか。ただし、これはセンター試験対策として、全く読書をしないでよいということを意味しない。この点についても後述する。

また小説に関しては、必ず何か「事件」が起こる。この「事件」については、必ずしも毎年ドラマチックな出来事が描写されるわけではない。私の述べる「事件」とは、その前後の状況において登場人物たちの心情に揺さぶりをかけるような出来事のことである。これが小説における「フック」にあたる。この出来事の前後で登場人物の立場や心情がどのように変化したのかを把握することが小説読解のメインテーマになるだろう。

　このようにセンター現代文の文章は明確な意図をもって切り取られてきている。したがって私たちは予めそのような心積もりを持ちつつ、さながらボクサーのようにガードを固めて相手のパンチを予測しながら読解に臨まなくてはならないのである。

②設問文（問いの文章）

　評論においては大きく分けて「〜はどういうことか」型の内容説明問題、「〜はなぜか」型の理由説明問題、「本文の内容に一致するものを選べ」型の内容一致問題、そして近年ではこれらに加えて表現の効果や文章の論理構成を問う問題が一題程度出題されている。

　センター試験慣れしている受験生は、問題文については題意を把握する程度に軽く読み流してすぐさま選択肢に向かうのだろうが、実はここに落とし穴があることが多い。詳しくは後述するが、内容自体は本文と一致していても、問題文の問いに対する答えになっていない選択肢がダミーとして配置されている

ことがあるからだ。この場合、問題文を流し読みした受験生は、それまでの読解が正しいにもかかわらず正答できずに自信を失う。そして、やはりセンター国語は曖昧だ、などと戯言を言い始めるのである。このような戯言で自分自身の結果を受け入れることを拒否し続ける受験生は本当に救えないと私は思う。自分の足下から見直すことが必要だろう。

　また問題文に関しては、本文のある箇所に傍線が引かれ、その部分に関して問いが設定されるというパターンが多いが、この傍線部が一文まるまるに引かれているのか、それともある部分にだけ引かれているのかは気にする必要がある。結論から言えば、傍線部が引かれているのが文中の一部であれ、その一文全体を考慮した解釈を目指さないと正解にたどり着けないことが多い。

③選択肢

　センター現代文の選択肢は一言で形容するのならば「異形」だ。本来あるべき必要十分な量の解答に比べて極めて冗長である。それではどうしてわが国の誇る国家試験のひとつであるところのセンター試験において、このような「異形」の怪物が放し飼いにされているのであろうか。受験生を惑わすためであろうか。　それとも、選択肢を最後まで読み切る忍耐力を受験生に期待しているからであろうか。もちろんこのいずれも説得力のある説ではない。

　前述したようにセンター試験は毎年度、問題・解答ともに衆

目にさらされる国家試験である。試験後も試験問題評価委員会において、それらが適切であったかどうかが高校教員・教育研究団体によって厳しく査定されることを知っている受験生も多いだろう。この事実が示唆していることは、問題作成部会が正解とした選択肢には、第三者に主張できる程度の明確な根拠が必ず存在するということである。正解の選択肢には客観的、かつ絶対的な根拠が存在するのである。

そもそも試験問題というものは、誰がいつ読んでも、その読解が正しければそのたびごとに正解にたどり着けるものでなくてはならない。記述表現力の差がつかないマークを使用した客観式の試験ならばなおさらである。とりわけセンター試験は公的な試験であるがゆえに、言い換えれば公平性＝客観性を担保するためにこの点を過度に追求する性質を持つ。もしも作問について予備校や識者に指摘されても、胸を張って「ここにこのような記述があるのでこの選択肢が正解です」と毅然と主張できる準備を入念にするわけである。

そしてこのようにして客観性の確保を追求したがために、つまりある選択肢を正解に、あるいは不正解に仕立て上げるために、センター現代文の選択肢はだらだらと長くなっている。だがしかし、この現状は受験生にとってはむしろ福音なのではないだろうか。冗長な選択肢は、逆に考えれば選択肢を切るためのヒントの宝庫でもある。

また何より大切なのは、この異形の選択肢に対して真っ向から取り組もうとしないことだ。具体的にいえば、今後私たちは

選択肢を大きく部分に分けてその各々の正誤を検討することになるだろう。**全体を部分に分割すること**。教科を問わず、どんな難問にみえる入試問題に対しても、そのアプローチの第一歩は同じなのである。

第二部 センター現代文を読むために

①概要

　まず第1に指摘しておきたいことは、センター試験に限らず、あらゆる入試現代文の問題文は「原典から切り取られた部分である」点だ。通常、評論文の単著は1冊を通して、つまり章間の論理構造によって、読者を説得にかかる。当然、その章内にはさらに節があり、その節同士も何かしらの論理関係を持っていることがほとんどだ。そのような全体的構造物である単著から部分を切り取り、読ませるということがいったい何を意味するのか。

　それは切り取られた部分の論旨が必ずしも単著全体の論旨と一致するわけではないことと、それと並行して、切り取られ出題される部分には独自の論理構造が「出現」するということである。前者に関しては多くの説明を必要とはしないだろう。例えば、単著に留保のロジック(「確かに〜だが…」の〜の部分)が数十ページあったとして、その部分から問題文を抜粋してきた場合、その抜粋箇所の論旨が単著全体の論旨と正反対になることは明らかだろう。このことは、予め原典を読んだことがあ

る受験生が必ずしも有利というわけではないことを意味する。むしろ読後のイメージにとらわれたまま、問題文に対する誤読を連発するという悲惨な状況に陥りかねない。

　後者に関しては、全体から部分を切り取ることによる必然であり、意味段落、形式段落、あるいは文単位における局所的な論理関係のみによる文章のかたまりが出現することになる。そこには作者の意志などというものはない。広大なる森林のうちから数平方メートルの部分に焦点をあてることで問題文は決定されているため、章同士のダイナミックな論理関係、などというものを再現できるはずもない。そこにあるのは些細で断片的な意味段落、あるいは文同士の論理関係だけである。

　この意味において「入試現代文に自分の著作が出題されても当の著者が解けない」という笑い話は、確かにひとつの真理を突いている。しかしながら入試現代文とはそもそもそういうものなのである。著作の背景にどれだけ精通していたところで、抜粋された部分の論理構造を正確に把握できなければ、常に誤答が待ち受けている。受験生にとってそれは笑って済ませてよい話ではない。繰り返しになるが、出題文には作者の意志はほとんど残っていない。では残っているものとは何か、それは断片的な論理関係である。だが、これは逆にいえば、この断片的な文章の結合関係を読み解くことができれば、つまり読み解くことに慣れれば、読解のための大きな一歩を確保することになる。

　とはいっても幸い、出題者側の親心なのか、あるいは単に問

題をつくりやすいからなのか、抜粋はあるひとまとまりの論理構造を持っている部分からなされることがほとんどだ。さらにいえば、第一部で述べた、文章の「フック」、つまり意外な転換点が少なくとも一回起こる。受験生はこれらの事実を踏まえて、相手に振り回されない読みを達成しなくてはならない。

②対策

それでは読解のための具体的な方策に入る。その特効薬は要約だ。それに加えてある程度の人文科学分野の基礎知識を入手することの必要性も指摘しておきたい。

まず要約だが、一見するとセンター試験の現代文に最も必要でない練習だと考える受験生も多いだろう。しかし、設問を解くための方策として次章でも述べるが、基本的にセンター試験の設問は、意味段落ごとの部分的な論理関係が理解できていれば、そして設問の意味を取り違えなければ必ず正解できる。設問の意味云々については後述するとして、以下では意味段落の論理関係に注目した要約の仕方を評論文・小説に分けて簡単に提示することにする。

ちなみに要約の題材は、本文の長さからいって、センター試験の過去問（本試・追試問わず）、自分が受けたセンター模試の問題、予備校が出版するセンター試験用の実践問題集（センター模試の過去問）が最適だ。全部集めれば50回分ほどになるだろうか。要領をえれば、その全てをやりつくす必要がないことも分かってくるだろう。

- **評論：**まずは文章を読みながら、話が変わったな、という段落の前後で意味段落を分ける。例年の傾向からしてだいたい3〜4段落程度だが、この数字は気にするところではない。そしてこの意味段落の中身の論理構造を取り出し、記述するのである。100字程度でいいだろうが字数にこだわる必要はない。極端なことをいえば、文章として完結させる必要すらない。もちろん記述力をつけることも一部の受験生には必要なことだが、ここで重要なのは意味段落内の論理構造をつかむことであるということを忘れてはいけない。

　さて一般的に論理的な文章というものは、文章全体が章同士の論理関係で成り立ち、ひとつの章全体が意味段落同士の論理関係で成り立ち、ひとつの意味段落が形式段落同士の論理関係で成り立ち、形式段落が文同士の論理関係で成り立つ、というモデルでつくられている。形式段落における文同士の論理関係に関しては、著者によりルーズなところはあるものの、それ以上の上位カテゴリ（形式段落同士、意味段落同士、章同士）の関係は必然性のあるものばかりである。このなかで20分前後の試験を課するのに適切なものが、意味段落における形式段落同士の関係だというわけである。入試現代文がある原典からの抜粋というスタイルを続ける限り、設問の焦点は意味段落内にあたり続けるであろう。これは出題者個人の趣向ではなく、センター試験というシステムの構造的必然である。

また全ての意味段落化とその要約を終えたら、次に意味段落同士の論理関係を考える。しばしば文章全体の論理構造や、文章全体から読み取れる結論・著者の態度を問う問題が最後の設問に散見されているからだ。このときに注意したいことは、本論でたびたび言及している「フック」についてである。受験生が常識的に思いつくような社会通念とはひと味違った切り口から事象を切る視点を提案するのがこの「フック」であるが、文章全体がこの「フック」＝山場に関連して展開されていることを意味段落同士の論理関係を考える際に理解しておきたい。

　もちろん要約を書いたらそれを正解と照らし合わせるのが必須だ。答えは解説の冒頭に「本文解説」として掲載してある。誤答のなかでも、特に意味段落の区切り違いには深刻な意味があるといえる。ここがぶれると選択肢の吟味にも不具合が出てくることになるからだ。意味段落内の論理構造や内容は大枠がとらえられていれば細部はアバウトでよい。「AがBであり、Cである。それゆえにDでない」などのようにディスコース・マーカー（論理接続語）：なぜなら・というのも・しかしながら、等々を用いて意味段落の内容の骨組みを表現するのである。本文解説は河合塾のものが情報量が多く頼りになるが、受験生としては駿台のシンプルさも見習いたいところだ。

　ところで模試の復習をするときや、実践問題集の答え合わせをするときにこの「本文解説」部分をスルーしていきなり

問題の解説から読み始める受験生は意外に多いのではないだろうか。だからいつまでたっても国語ができるようにならないのである。大学受験のプロである予備校が、しかもその最大手が揃いにそろって、模試・問題集・過去問集の全てにおいて、意味段落とその内容、論理構造についての解説をしているという事実をもっと重くみるべきだ。それはなぜか？そのように本文を把握しないと、まっとうに正解にたどり着けないからだ。

　ちなみに予備校間で、まれに意味段落の切り方や、その内容にずれがある場合もある。このときは自分の書いた要約がそのうちのどれかに一致していればよい。ただしそれが設問に直接的に関わる部分である場合は、その部分の設問は当然自分の要約が一致した予備校の解説に立脚することになることはいうまでもないであろう。

- **小説**：小説については評論ほどの論理構造を追う作業は必要ない、というかできない。場面転換において意味段落に分ける作業は評論と共通だが、意味段落内の内容の整理においては、登場人物の挙動と心情の変化をおおまかに押さえていくだけで十分である。「AはBだと感じた。だからCにDした。その結果Cは憤慨した」などのように骨組みだけをドライに抽出しよう。小説だからといって、こちらも通常の読書時のように共感モードで本文を読み進めることは愚の骨頂である。こと受験現代文において、共感は点数となって現れない。

そもそも小説の試験において出題者は受験生のそのようなパラメーターを査定してはいないのである。問われているのは冷静な読み、つまり単なる状況把握能力である。

確かにこのようなドライで機械的な読み方は小説の作者が意図するものではない。もちろん「豊かな人間性を涵養する」類の読み方でもないだろう。極めてつまらない単純な分解作業である。しかし当面の間、私たちはそれを受け入れるほかない。私たちは厳格に決められたルールのなかでベスト・パフォーマンスをするしか選択肢がないのである。

話がそれたが、意味段落の内容を整理したあとは、意味段落同士の関係を考える。考えるといってもそれほどたいした作業ではない。要約は、基本的に「フック」となる出来事を中心にしてその前後の状況描写に落ち着くだろう。そしてここまでできたら、あとは評論のときと同様に、本文解説を参考にして自分の要約を修正するだけだ。

ここまで要約の意義と手法について述べてきた。受験現代文の問題文は基本的には特別な背景知識なしに、その論理構造だけを追えば読解できるのであるが、評論に関してはあまりに不慣れだと内容がさっぱり分からないということにもなりかねない。そこである程度の基礎知識の入手と、評論的な文章の「硬さ」や「いいまわし」に慣れておく必要がある。『ちくま評論選 高校生のための現代思想エッセンス』(ちくま書房 2007年)は質が高くかつ内容的におもしろいのでお勧め

できる。また当然ながらセンター試験の実践問題集(模試の過去問)を要約する際に、同時にこれをネタ本にするのも効率の良い手段である。これらの文書を読んでみて、登場する単語がいちいち分からないようならば、現代語のキーワード集などを丸暗記するなどして補填するほかないだろう。

　ただし前述したように、ネタを仕入れたら仕入れただけ読めるようにはなるわけではないという点には注意しなければならない。上記のちくま評論選についても、評論文に慣れるための読み物であり、内容を丸暗記するような態度は、ただ単に無意味である。

　あるテーマについての正解が記載されているような参考書は存在しない。あるのはそのたびごとに文章を通じて現れる論理の流れであり、その流れを容易に把握するために行うネタの仕入れであり、語彙の補填であることを忘れてはいけないのである。入試現代文において要求されている力とは、知識を蓄積することではなく、文章からその本質＝論理を抽出できるしなやかな読解能力である。

第5章 教科ごとのアプローチ

第三部 センター現代文を解くために

　第三部では第二部における意味段落単位での読解＝論理の抽出がある程度できるようになったとの前提のもとで、解答の作成法について紹介する。具体的には、まず①傍線部の拡大、②設問に対する解答をつくる、③選択肢を切る、の３段階の作業になるだろう。これら３つはいずれも従来から提唱されてきたスタンダードな手法である。しかし、それらを有機的に関連づけて解を導き出すという指導はほとんどなされてきていないように私には思われる。以下ではこの３項目の概説をしたあとに、実際の問題においてどう適用するかを紹介することにする。ちなみに上記の方法は基本的には評論・小説の両方に応用できるものだが、小説に関しては別種の注意が必要なので、これを最後に付記する。

①傍線部の拡大

　ご存じのようにセンター試験の設問のほとんどは、問題文中の傍線部についての問いである（もちろん全体を通しての内容一致問題や、表現・比喩の問題も散見されるが、そのほとんどが、本文と著しく内容の違う選択肢を切っていくことで正答できる類の設問であるため、今は置くことにする）。ここで留意しておきたいことは、設問を解くにあたって傍線部だけに注目しても事態は好転しないということである。つまり私たちはその傍線部の前後の部分、さらに傍線部やその前後に指示語があ

る場合には、それが直接的に指示する部分にまで、傍線部意識を拡大しなければならないということだ。

センター試験の傍線部に関する問いのほとんどはこのような作業抜きには正答できないようにつくってある。しかし逆に言えば、このことは出題者が全受験生に対して問題を解くための第一歩を提供してくれていることも意味している。

②設問に対する解答をつくる

そして次にすべきことは、傍線部の拡大をもとにして設問に対する解答をつくることだ。センター試験の設問は大きく「〜はどういうことか」型の内容説明問題、「〜はなぜか」型の理由説明問題に分かれる。前者の説明問題に関しては、傍線部をおおまかに区切り、その部分についての説明、または指示語を具体化することによって「〜ということ」という形で解答をつくる。これは記述式の現代文の解答のつくり方、と言い換えてもよい。

このときに重要なことは、分割した傍線部の説明や指示語の具体化に際して、私たちは当然問題文を参照しながら該当箇所を見つけるわけであるが、この該当箇所は９割がた傍線部の直前部分、どれだけ離れていたとしても意味段落内には見つかるという事実である（指示語がある場合はほぼ100％これらの指摘は合致する）。ここに読解時において、わざわざ意味段落単位に分割した理由がある。うまく意味段落に分割できた時点で、私たちは解答の根拠が潜む領域を、広大な文章全体から、一つ

の意味段落内にまでに絞り込んだことになるのである（もちろん意味段落の冒頭に傍線部がある場合は、傍線部の後の部分を参照しなければならないことは、改めて指摘するまでのこともあるまい）。

　その意味段落の趣旨にそって、例えば「AがBであるにもかかわらず、Cであるということ」のように論理接続語を用いた簡潔な解答を作成するのである。この解答作成は、本番や模試のときには頭に思い浮かべる程度でよい。そもそもあの短時間のうちに問題用紙に解答案を書いている余裕などはない。そのかわりに自宅でトレーニングする際には、まずは時間を気にせず記述問題の解答を作成するような気持ちで簡単に書いてみるとよい。この作業に熟練することで、本番のプレッシャー下でも自在に解答を思い浮かべることができるようになるのである。

　後者の理由説明型問題については、それほど複雑な手続きを必要としない。傍線部拡大によって設問の意図をつかんだ後に、その理由を説明している部分の意味段落内から抜粋するだけである。この作業もどうしてその部分を抜粋したのか、ただ漫然と抜粋するのではなくて、他人に説明できる程度の確信を持っていって欲しいものである。そしてここまでくれば8割がた正答したも同然だ。しかしまだ油断は禁物である。ここからようやくセンター試験の特徴でもある長文選択肢の検討に入る。

③選択肢を切る

　第一部でも述べたように、センター現代文の設問選択肢は「奇形」である。例えるならば、この世のものとも思われない異形の「怪物」とでもいえるだろう。どうしてわざわざこのような「怪物」を、それも国家試験という名のもとに受験生にけしかけるのだろうか。そもそもセンター試験を難解にしている原因は奇形選択肢である。この因果関係にとらわれている限り、我々はいつまでたっても前進することができない。むしろ私たちは以下のように考えなければならない。センター試験という試験制度の結果、奇形選択肢が生まれたのである。

　センター試験は国家試験というその性格上、「正解・不正解は（高校卒業程度の知識・推論能力を有していれば）誰が解いても自明でならなければならない」という公共性を強いられている。この実情は数学や理科、いわゆる自然科学の試験科目とは全く異なるものである。なぜなら自然科学の客観性とは記号的客観性であり、その客観性に出題者の意図が入り込む余地はない。数学の公理・定理や物理・化学法則は誰にとっても同様に扱えるツールとして提供されているため、勉強量が十分な生徒はかっちりと自分の導いた解答に安心することができるのである。

　一方で、人文科学系の代表的な試験科目である現代文には自然科学的な意味での厳密さ、つまり確固たる公理や定理が存在しない。ややもすれば読み方のバリエーションによって正解が異なる可能性を持っていることは、現代文に苦労している受験

生ならば実感として容易に理解できるだろう。しかしセンター試験の科目である以上、国家試験としての客観性を確保しなくてはいけない。(よく勉強している人ならば)誰もが同じ解答にたどり着くような設問でなければならない。それではどうするか？　その答えは、ダミーの部分を増やす、である。ある科学言説があるとして「正しいことを証明する」ことと「間違っていることを証明する」ことの２つで、より知的付加が少なくて済むのはどちらだろうか。もちろん後者である。ただ判例をひとつ挙げればよいからである。

このようなモチベーションを出題者が持っているか否かは私には知るよしもないが、実際のところ、センター現代文の選択肢のほとんどが、このダミー部分によって構成されている。これがセンター現代文が精一杯の労力をもって確保した客観性である。

これくらいで選択肢の性質の話は置いておいて、この奇形選択肢を前にして、私たちは何をすべきか。選択肢を冒頭からいきなり読むことは言うまでもなく愚の骨頂である。相手が「怪物」だと分かっていて正面から切り込むタイプの人間は、極めて腕の立つ賢人か、そうでなければあるいはただの愚者である。一般受験生は、敵を部分に分割し、その各部分についての正誤判定をするという戦法をとることが賢明であろう。難題や全体像が見えない問題は、部分に分割せよ、というのは問題解決の方法として極めてスタンダードなものである。しかし数学や物理の難題に対してはごく自然に行っているこの手法を、どうし

て現代文に適用しようとしないのか。別教科での成功体験をうまく応用していくことが必要である。この試みを繰り返すなかで、そのうちに、受験における全ての科目が同じ試行によって解決に至ることに気がつくのである。

　さて、最初に具体的には選択肢中の句読点や読点によって、選択肢全体の内容を二分する過程を実践していただきたい。そして二分割した各々の選択肢について、後半部分から前過程において自分自身で作成した解答との照らし合わせをする。そして、具体例に関しては本文中に言及があるかどうかという観点から正誤判定を行う。後半部分から検討する理由は次の２点である。ひとつには、日本語の文章は結論（述語）が文末にくる言語であるという事実から説明できよう。もうひとつは、出題者が大多数の受験生が頭から選択肢を読むことを見越して、前半部分に一見紛らわしい言い回しを用いることが多いという事実からによって説得力を得る。

　前者に関しては、自分の作成した解答の結論と結論部が違えば、即座にその選択肢は削除できる。論理文のなかで一番正誤判定しやすいのはやはり述部である。いくら条件部や留保部が真でも、結論部が偽であることで文章全てが台無しになることは直感的に理解できるだろう。後者は私の経験知であるため一般性はない。しかしながら晴れて過去問を丁寧になぞる作業を終えた後にはほとんどの受験生がそれを真理として納得できることだろう。選択肢の前半部にどれだけ紛らわしい表現の多いことかを肌で感じることができるからである。

このようにして、選択肢の上下部分を吟味し終えた段階で（ひどい場合には下半分の正誤判定を終えた時点で）正答はひとつに決定される。そして、もう一度頭から正解選択肢を読んでみて、自分の作成した解答と齟齬が起こらないならば、それを正解として採用してよい。選択肢を頭から読んでよいのは最後の確かめの一回だけだ。

　余談だが、選択肢の正誤判定をするに際して、三大予備校全ての解説を比較参照することがとても勉強になる。各々の予備校は各自の切り口で正誤判定をしており、たいていの設問で予備校ごとに立脚点に差がある。同じ部分を誤判定に使っていてもその誤りの理由が異なったり、そもそも他の二校ではスルーされている箇所を誤判定の根拠にしていることもある。もちろんいずれの解説もそれなりに論旨の一貫した納得できるものである。要するに、この解説の比較参照を通じて私たちは、ダミーの選択肢を削除するためのヒントは意外に多く散りばめられているという事実を実感するだろう。そう、出題者は積極的に正解の選択肢を作り出すのではなくて、積極的に誤りの選択肢を作り出しているのである。受験生はこの点にもっと敏感になってもよいのではないだろうか。

★小説の設問について

　小説の設問には、評論のような内容説明型と理由説明型に、「心情はどのようなものか」のような心情説明型のバリエーシ

ョンが加わる。心情説明型問題に対して皆様はどこか漠然としたとらえどころのない印象を受けるかもしれない。登場人物の心情の読み取りは、読者によって変わりうるのではないか？

　しかし心情説明だからといって、何か曖昧な「共感」のような能力が必要になるわけではない。前述したように、センター試験は客観性を厳密に要請された国家試験である。受験生によって解答がばらつくような問題は出題できないのである。それでは小説の問題において、出題者はいかにして試験としての客観性を確保しようとしているのか。それは愚直なまでに問題文に沿うことによってである。

　言い換えれば、まずは問題文に書かれた設定（登場人物、その性格、関係、現在に至るまでの状況など）が絶対条件であるということだ。これは明確に問題文またはリード文に記述がある。この部分を誤った選択肢は即座に削除して構わない。実は多くの設問はこの設定ミスだけで解けてしまう。基本的には登場人物の心情も問題文中に明記されていれば、それを根拠にして正誤判定してよい。とにかく愚直なまでに問題文に沿うことが重要である。

　ただ、ここで少し厄介なのは、登場人物の心情に関する選択肢内の部分である。近年のセンター現代文においては、必ずしも本文中から読み取れないような心情が散りばめられていて、場合によってはそれが正答になっていたりするわけである（もちろんこういう設問は、「設定」についての正誤判断だけで正答できるのであるが）。

問題文中のある部分から設定の正誤を読み取ることと、ある部分から心情を類推し正誤判定することでは、前者の方が圧倒的に客観性が高い。このことから、小説の正誤判定は**設定については厳格に、心情についてはふんわりと**行うことを提案したい。つまり、設定に関する選択肢部分には、問題文に準じて厳格に積極的に正誤判断をし、その一方で登場人物の心情に関する部分については、明らかに誤りだと分かるもの以外は「そういうこともあるかもしれない」と判断を保留するのである。前述した上下二分割法とこのダブル・スタンダードを使い分けることでかなりの正答率を実現できることになるだろう。

　ところで小説の設問には、「問題文中に根拠がない」ということもままある。今まで読んできたところにも、どうやらこれ以降にもなさそうだ、というときはどう対処すればよいのか。その場合には、非常手段として、傍線部を分割し、その各部を最もよく言い換えている選択肢を選ぶことになる。本メソッドでは基本的に選択肢同士を比較することは厳格に退けているが、この場合ばかりはやむをえない。だがこの種の問題は選択肢の文章もわりに短く、サービス問題の趣きすらあるのでそう案ずることはない。最も重要なのは、根拠が前にも後にもないのではないか、と読める能力である。

　小説は問題文をいかに味気なく客観的なデータ収集のために読めるか、が勝負である。このデータが設定や心情に関する正誤判断の根拠になるからだ。この読みは本来作者が読者に期待しているような読みとは正反対のものだ。普段、小説を読むと

きにこのような味気ない読みをする読者はほとんどいないだろう。まさに野暮というものである。しかし、私たちは受験生である。センター試験の最中に問題文に対して日常モードの「共感する読者」で立ち向かうのならば、それは受験生として試験を受ける権利を放棄している、戦意を喪失していることとほとんど同義であると言えるかもしれない。くれぐれも小説を小説として読んではいけないということは心に留めておいて欲しい。

★解法の実践例

　ここからは実際の問題を使って説明を進める。本著で紹介するセンター現代文攻略法がどれだけ威力のあるものであるかを体感していただきたいと思う。題材として使用する問題はもちろんセンター試験本試のものである。2012年度の国語第一問の問二を例にして考えていきたいと思う。
(問題文は省略。各自の過去問を参照すること。)

　傍線部A「ある個体と関係をもつ他の個体たちもやはり当の個体の環境を構成する要件となる」とあるが、それはどういうことか。その説明として最も適当なものを、次の①〜⑤のうちから一つ選べ。

① 　ある個体にとって、種の存続を担う子孫のような存在に加

え、配偶者をめぐって競い合う他の個体もまた環境の一部となること。
② ある個体にとって、食物をめぐる争いの相手に加え、協調して生活をしていく異種の個体もまた環境の一部となること。
③ ある個体にとって、空腹や疲労のような生理現象に加え、生息圏に生い茂るさまざまな植物などもまた環境の一部となること。
④ ある個体にとって、気象のような自然現象に加え、食行動などの場面で交わる他の個体もまた環境の一部となること。
⑤ ある個体にとって、自らの生命維持に必要な自然の空間に加え、他の個体と暮らすための空間などもまた環境の一部となること。

①傍線部の拡大

まず私たちは傍線部の直前の「その場合」に着目する。その場合とは、どの場合か。さらに前へさかのぼる。そしてその前文の内容、つまり「各個体は環境との接点で、そして他個体との協力・競合によって自己自身の生存を求める」を把握する。この場合において、他の個体たちもやはり当の個体の環境構成要件になるようだ。このように傍線部近辺に指示語がある場合は、傍線部拡大はその指示されるべき部分の方向へとなされれば十分である。

②設問に対する解答をつくる

設問の核心部分は「～はどういうことか」という内容説明問題である。直前の「その場合」も傍線部に含めて全体を大きく以下のように区切る。

「その場合、／ある個体と関係をもつ他の個体たち／も　やはり／当個体の環境を構成する要件となる」

傍線部内に「も」「やはり」などの累加表現がある場合は要注意だ。これを解答に含めないと正解にならないこともある。ここで注意して欲しいのは、この傍線部の場合、「その場合」とそれ以下で内容が同じになっていないといけないということである。「その場合」以下が「その場合」の説明になっているといってもよい。

そして次に区切った部分に対して言い換えをしていくのだが、今回言い換えるべき部分は、冒頭の「その場合」と「もやはり」で十分だろう。そこさえ具体化できれば、傍線部だけで意味が通じる文になるからだ。

前述のように「その場合」：「各個体は環境との接点で、そして他個体との協力・競合によって自己自身の生存をもとめる」となる。「その場合」とは個体に対して環境と個体の両方が作用する場合であった。そして「その場合」以下が「その場合」の言い換えになっていること、そしてそこでは個体が個体に関して影響を与えることが述べられていることを考えると、「もやはり」はその直前に「環境が個体の環境を構成する要件となるのはもちろんのこと」程度の文を補填するのが妥当ではない

か。

　つまり、傍線部の内容自体は、「その場合」の内容とほぼ同義であり、「環境が個体に与える影響はもちろんのこと、ある個体と関係をもつ他の個体も、当の個体の環境を構成する要件となるということ」というふうに言い換えられる。これが設問に対する解答である。

③選択肢を切る

　それではいよいよ選択肢の吟味に入ろう。まずは選択肢を一目見て二分割する。今回の設問では「ある個体にとって、Aに加えて、B」という構造をとっているため、選択肢をAとBに二分してその要素を別個に吟味すればよいということだ。ここで気づいて欲しいことは、前ステップで作成した解答の構造が「環境に加えて個体もやはり～」という構造をとっていたことだ。賢明な受験生はもう気づいているだろうが、Aは「環境」に関する話題、Bは「個体」に関する話題でなければならない。このA、Bの序列は逆では絶対にいけない。それは傍線部に「もやはり」というレトリックが使われていることからも分かるように、著者は、個体が個体の環境構成要件になることを協調したいのである。さてまずはセオリー通りに下半分(B)から判定を始めよう。

① 　配偶者をめぐって競い合う他の個体もまた環境の一部となること。

② 　協調して生活をしていく異種の個体もまた環境の一部と

なること。
③ 生息圏に生い茂るさまざまな植物などもまた環境の一部となること。
④ 食行動などの場面で交わる他の個体もまた環境の一部となること。
⑤ 他の個体と暮らすための空間などもまた環境の一部となること。

①の「配偶者をめぐって」は本文中に言及がないため不適。何よりBは「個体」に関する話題でなければならないので、③・⑤も不適となる。この時点でもう既に二択である。次に上半分(A)を確認しよう。

① 種の存続を担う子孫のような存在に加え、
② 食物をめぐる争いの相手に加え、
③ 空腹や疲労のような生理現象に加え、
④ 気象のような自然現象に加え、
⑤ 自らの生命維持に必要な自然の空間に加え、

Aは「環境」の話題であるから、①・②・③は不適。以上の上下判定を合わせて無傷なのは④であり、これが正答だ。最後に頭から正答選択肢を読んでみよう。

④ ある個体にとって、気象のような自然現象に加え、食行

動などの場面で交わる他の個体もまた環境の一部となるということ。

前のステップで作成した解答のほうが抽象度は高いものの、論理構造はしっかりと一致している。これで安心して④を正答としてよいだろう。ちなみにこの設問の正答率は2割程度という評論の設問にしては極めて低い数字だった。

補講 センター現代文対策のポイント

ここでは本論で言及しそこねた話題に関して断片的にコメントしていくことにする。

Ⅰ、問題はいつ解くか

本メソッドの方法を採用する限り、傍線部に出会ったときにその傍線部に関する問題を解くことになる。傍線部にたどり着いた時点で、傍線部以前を参照すればよいだけの問題ならばすぐさま傍線部拡大の作業に入るし、そうでなければ、その意味段落の最後（そのテーマの話題が区切れるところ）まで読んでから傍線部拡大に取りかかる。

ちなみに漢字も出会ったときに逐一メモを取っておいて、全ての設問を終えた後に選択肢を見るという方法がよいであろう。他の作業に気を取られることで、自分が読んだところの内

容や論理関係がぶれてしまうことが最もこわいため、読解中はその部分のことしか目がいかない環境をつくることが先決であろう。

ただ小説の語彙問題に関しては、辞書的な意味に即した選択肢が正解になるので、本文を読む前にいきなり解いてしまってよい。どうしても分からないものは文脈からの類推にならざるをえないのであるが。

II、直前期の過ごし方―過去問の扱い

1月に入ってからは、センター試験の本試験・追試験の問題しか見てはいけない。この時点で全て解いてしまっている受験生も多いと思うが、それならば2周目に入るべきだ。センター試験の過去問を演習する上で最も大切なのは、問題パターンが意外に少ないということと、解答の根拠が意外と近くにあるという事実を実感することである。

傍線部拡大をしたときに根拠部分は傍線部からどの程度の距離に出現するのか。センター試験の問題を用いて何度も何度も訓練することで、根拠部分への「目の飛ばし方」が体になじんでくる。こうして私たちの体には次第にセンター試験の作法が蓄積されてくる。そうすれば目標まではあと一歩である。

過去問は二度と本番で出ないし、解答の選択肢が分かりきっているから、過去問は復習する必要はないのではないか。そのように考える受験生は既にその時点で死んでいると言っても過言ではないだろう。私たちは過去問研究を通じて毎年移り変わ

る問題ではなくて、その問題がそうなるべく成立させている出題者の思考傾向を読み取るべきなのである。このことはセンター試験のみならず二次試験の赤本の研究の仕方にも当てはまるだろう。皆様は過去問を漫然と解いて満足してはいないだろうか。過去問は問題演習のためのテキストのように使用したり、自分の実力を測るための問題集として扱うべきものではない。この点を指摘している指導者は意外に少ないように思える。

さいごに

　本論の最大の弱点は、本論がセンター試験を解くためにセンター試験を研究して書かれたものであるという事実による。このメソッドを習得すれば少なくともセンター試験本番は攻略できるが、予備校の模擬試験でベスト・スコアを残せるかというとそうでもない。惨敗ということもあるかもしれない。実は大手予備校の模擬試験は、形式は似ているが、そもそも試験作成のモチベーションが違うためかセンター本番ほど過剰な防護服を着せられた選択肢はあまり見かけない。いうなれば素直なのである。だから国語力がある素直な受験生は模試では満点を連発できるかもしれない。しかし本番は・・・である。私はここにセンター現代文が忌み嫌われる理由の一端があるような気がして仕方がない。

　現代の受験指導において、センター模試の点数や判定によっ

て出願校はおおよそ絞られてくる。特に国語において模試の問題とセンター試験の問題との間にとてつもなく大きな質の差があるにもかかわらず、である。だから、本論の方法で模試の点を稼げない受験生は、本論の方法（特に選択肢の吟味）は最後の模試が終わるまで封印しよう。その代わり自分の得点しやすい方法で高得点を叩き出せばよい。模試の点数によって自分の志望校を周囲に納得させ、本試験は本論のメソッドを使って満点を取ればよいのである。

　模試は何回も受験することができるが、それは全て本番のセンター試験に向けての予行演習である。そして当然のことながら一回の受験においてセンター試験は一回しか受けられない。この極めて当たり前に思える事実は、本論にとってとても驚異である。本論のメソッドを試験場で実践する機会が1年に一度しかないのだから。今は本論のメソッドに対する社会的認知度は限りなく低かったとしても、センター試験という国家試験的な性格を持つ試験が続く限り、毎年の本試験における成功体験の蓄積によって本メソッドの有効性は次第に実証されていくであろうと私は確信している。

• コラム •

13：1日1教科勉強法

　皆様は1日で何教科勉強しておられるだろうか。1日1教科の人から全教科を回している人まで、勉強スタイルは個々人によって様々だと思う。私の場合、1日の勉強は1教科に絞っていた。多くても2教科程度であったと思う。1日に複数教科を勉強しようとすると、教科を変える切れ目で頭を完全に切り替えなければいけなくなる。そこに無駄が生じている気がしたし、また、その勉強法は、脳に与えるインパクトがとても小さい気がしていたのである。1教科につき数十分の勉強法は、今まで自分が気づいていなかった何か新しいことを学ぶには短すぎると感じていたのである。

　1日最低でも1単元は通して勉強しなければ、新しい見識は発見できない。おそらくひとつの単元を通して勉強することによって初めて、その単元に込められた本質が理解できるのではないかと思うのである。複数日で1単元を勉強していたのでは、単元ごとの本質を理解することは決してできない。確かに1日に複数の教科を勉強することで、休憩を取るタイミングを多く設けることができるし、勉強に対して感じるストレスを少なくすることができるのかもしれない。しかし、この勉強法では伸びが鈍い気がしてならない。

　1日の勉強時間を全てその教科に費やすということは、短期間で詰め込み式にその教科を習熟するということである。周囲の

• コラム •

　人々の何倍ものスピードでその分野に対する理解、知識が深化する。このような勉強法でひとつの教科に対する習熟度を短期間で限界突破させてしまえば、ある程度の期間その教科に全く触れずにいても、その教科の学力はキープされ続けるということに私は気づいたのである。一度本質を理解してしまえば、多少時間が経って忘れてしまったとしても、またすぐに思い出すことができるだろう。

　一方で、1日に何教科もこなすことが勉強スタイルになっている受験生は、比較的学力の伸びが緩やかである気がするのである。それは、おそらく1教科あたりの習熟度が希薄なまま次の教科に進むということを繰り返しているからであろう。全ての教科が希薄な習熟度であるから、時間をおくとすぐに知識は抜けてしまう。数ページ進んではまたやめて次の教科に移ってしまう。この勉強法では短期間で合格に到達するだけの伸びは期待できない。

　次に、私が具体的にどのようにこの勉強法を適応していたかを以下に挙げていこうと思う。なかでも特にこの勉強法が効力を発したと私自身が実感している二次数学について紹介したいと思う。そもそも私は文系出身ということもあり、再受験を始めた時点では数ⅢCにおいては全くの未習であった。そのため、数Ⅲを初めて勉強したときは、1ヶ月間重点的にこの教科だけを勉強するという作戦に出たのである。その間、使用した問題集は『1対1対応の数学』シリーズ(東京出版)のみである。とりあえず知人に勧められるまま、『1対1対応の数Ⅲ』を手にしてみたが、

• コラム •

全く何も分からないまま、2週間かけてようやく一通り1冊に目を通すことができた。そして2周目も間隔を空けずにすぐ復習し、今度は1週間で仕上げることができた。3周目に入る頃には、4日で目を通し終えることができるようになっていて、この時点で平均的医学部受験生レベルの数学の学力が身についていたのである。そして、この後も何度も反復して『1対1対応の数学』をこなすことで、医学部合格者の平均程度まではほとんど独学で学ぶことができたのである。私の数学の基礎は、集中的に取り組んだ最初の1ヶ月である。この具体例から分かるように、この勉強法は受け入れてしまえば、一般的に考えられないほどの伸びをみせる勉強法なのである。

• コラム •

14：勉強がのらないときは

　全く勉強が手につかないことが、受験時代の私にもたびたびあったものである。いくら勉強を進めようとしても、もうこれ以上頭に入らないのだ。皆様にも経験があることと思われるが、皆様はこうした状態をどういうふうに対処していらっしゃるだろうか。私の場合は、実にシンプルな対処法であった。

　このコラムを機に告白すると、私は自分自身の心の声に素直に従う人間である。もうどうしても頭に知識が入ってこない場合は、思い切ってその日は勉強をやめて遊びに行ったものである。もしくは、何か勉強以外のことで気がかりがあるのであれば、問題を解決することを優先していた。何か別のことに気を取られた状態で勉強に集中することはできない。もちろん、どうしても詰め込んでやらなければいけない場合(模試の直前など)は、席を立ちたい気持ちを我慢しながら椅子に座り続けていたが、基本的に私のスタイルは**集中力が切れた状態で勉強を続けない**、であった。

　ここでひとつ断言しておくと、勉強というものは、時間ではなく質なのである。質の高い勉強というのは、100％集中した状態で机に向かっているときのことを指す。これはいわゆるトランス状態と呼ばれる恍惚状態で、意識のほとんど全てが目の前の課題を達成することに向けられている。ここまで意識が勉強に集中していないと、いくら勉強時間を十分確保したとしても、大した効果は得られないだろう。そのため、私は疲れを感じて集中力が軽

• コラム •

減したならば席を立ち、10分なり15分なりの時間を休憩して、脳をリフレッシュさせてから、また机に向かうという勉強スタイルを採用していた。もちろん100％勉強に集中している状態を1日中できればいいのであるが、私の場合は1日10時間もこうした状態で勉強すれば、身体も脳もくたくたになってしまっていたものである。

　また、これまでの話のなかで紹介したような不安や焦りは、私は勉強に集中しているときには感じることがなかった。トランス状態に入ってしまえば、勉強に完全にのめり込んでいるため、そうしたことが頭をよぎる余地がなかったのである。そして、勉強から離れて自由な時間ができると、また不安や焦りが私を襲うのである。

　私の場合は、不安や焦りを解消するために合格に着実に向かっていく勉強法を考案し、その勉強法に従って盲目的に各教科の勉強にのめり込むことで不安や焦りと対峙していた。私は自分なりの勉強法を自分自身で実践していたのであるが、個々人の感性や環境によって、フィットする勉強法は異なることも私は理解しているつもりである。皆様が自分自身に合った勉強法を模索する上で、本書が少しでもお役に立てれば光栄の極みである。

• コラム •

15：試験の戦い方

　試験開始の合図と共に、試験室に響き渡る鉛筆の音。会場の空気に感化され、否応なく高まる緊張や、すぐにでも取り掛かりたい焦燥感。これらに気持ちが急かされた結果、大多数の受験生は開始と同時にロケットダッシュで、盲目的に第1問目を解きにかかるだろう。皆様のなかにも、こういった体験をお持ちの方もいられるのではなかろうか。だが、本当にこのやり方が試験で安定的に成績を出すための手法として正解と言えるのだろうか。答えはNOである。

　こう断言してしまうと、時間が厳しく分量が多いと、すぐに取り掛からなければいけないこともある、という反論も出てくるだろう。確かに、総合大学の医学部を志望している受験生であれば分かることであるが、こなさなければいけない問題の分量に比べて、時間が基本的に厳しい試験も存在する。そうした試験に対する傾向分析が前もってしっかりとできていて、予め用意している手順や作戦があって、それを幾度となくシミュレーションしているのならば、それは問題なかろう。

　しかし、作戦や戦略がなく焦りに駆り立てられただけの受験生というものは非常にもろいものである。本来の冷静な思考力や判断力が欠如しているので、急いでいるつもりでかえって時間をロスすることが多いのである。問題文の読み間違いなどのケアレスミスや計算ミスを犯していることに気づいたときの動揺はいかほ

・コラム・

どのものであろう。このようなミスで自滅してしまうという最悪のパターンになりやすい。

では、試験開始直後どのように問題にアプローチしていけばよいのか。このコラムではそれぞれの教科(特に二次試験の教科)に対して私の具体的な戦い方を皆様に紹介していきたいと思う。

1、数学

まず、問題全体を俯瞰して眺める余裕が必要である。そして、試験が開始して、最初に取り掛かっていただきたい作業として、スキャニングがある。スキャニングとは、自分自身の実力で解ける問題と、解けない問題を選別することである。スキャニングはできるだけ短時間で正確に行うことが求められていて、この精度によって試験の結果は大きく左右される。主に数学などで使える技術なのであるが、私の場合、試験開始後15分程度で全ての問題をABCの3段階に選別していた。Aは、解法の方針を完全に立てることができる。Bは、時間をかければ解法の方針が立つかもしれない。Cは、全く解法の方針が立てられない。小問レベルで全ての問題に対してABCの3段階選別を最初に行い、Aから優先的に確実に解いていく、という戦法である。この戦法の基本的な考え方は、解答できる問題に対しては時間をかけて丁寧に対応し、ミスや減点のない答案をつくることを第一優先に考え、分からない問題に対してはあがかないということである。

最終的に私の考えをまとめると、試験会場では、全ての問題を

・コラム・

解き切らなくてはいけないという考えを捨てて、分かる問題を優先して扱い、分からない問題に時間をかけ過ぎないということである。分からない問題に対しては潔く諦めることも勝負の世界では大切である。コラム3「授業の効率的活用法」で私は、予習段階ではひとつひとつの問題を熟考せずに、瞬発的に解法の方針が立てられるか否かを選別する練習をした方が効率良く授業を受けることができると述べた。つまり、予習はスキャニングの練習という位置づけとして私は考えていて、全ての勉強は本試験当日に結果を出すためのものであり、意味があるのである。

再度強調しておくが、このスキャニング技術は入試数学においては絶大な力を発揮する。なぜなら、解法の道筋が見えて自分が取れると評価した問題を自ら選別し、限られた時間の中で確実に得点を積み重ねることができるので、取りこぼしが少なくて時間対効率も非常に高い。解けない問題に時間を割くリスクを回避できるので安定した得点が見込めるのである。

2、理科

医学部受験生が比較的高得点を上げる教科であるだろう。そのため、基本的に標準問題の取りこぼしは許されない。しかし、多くの大学は2科目120分前後で解かせるので、1科目60分程度と、それほど時間に余裕があるわけではない。だからと言って、焦って闇雲に解き始めるのでは、一般受験生に何ら違いを見せつけることができない。入試に勝つには、周りより一歩抜きん出

• コラム •

ければならないのである。

　誰であれ大切な試験を受験しているときに緊張するものである。私は自分自身のそうした性質を理解していたので、試験開始直後、必ず落ち着いて問題をパラパラとめくり、全体の流れを把握することに専念するようにしていた。問題全体を俯瞰することで、今年はどういう問題で攻めてきているのか、難しそうな問題はないか、ひとつずつ確認しながら全体を見渡し、問題に着手する頃には平常心を取り戻すことができていた。

　問題を解いていく上での注意点は、とにかく自分が解きづらいと感じた問題は後回しにすることである。数学と同様、確実に得点できる問題から対処することである。難問に直面して唸っている時間を確実に得点できる問題に回し、最後に余った時間で難問に戻ってくるという戦い方が最も確実に得点を伸ばす手法である。仮に難問に戻ってくる時間的余裕がなかったとしても、自分自身の実力で解ける問題を全て拾えているので、結果として大きく崩れてしまう心配はないのである。

　この教科は、とにかく時間に余裕を持った状態で、問題を最後まで一通りやってしまうことが肝要である。

3、英語

　ここでは、英語の長文問題に絞って言及しようと思う。この教科を比較的苦手とする医学部受験生は数多くいて、彼らは問題へのアプローチをしばしば間違えていることが多いように私は感じ

• コラム •

ている。例えば、長文問題ですぐに問題文を読み出す受験生のなんと多いことか。

　英語の長文問題の攻略法は、まずは、設問そのものを読んで、何が問われているのか把握することが肝である。一般受験生のように、最初に問題文を律儀に最後まで読んでから設問に解答しようとしていては高得点を取ることは難しい。なぜならば、読み進めている間にも古い情報がどんどん頭から消えているからだ。問題文を最後まで読み切ったときには、問題文の前半の内容は忘れているし、最初の設問に解答しようにも、設問に直接必要のない情報が頭のなかでごっちゃになって何を書けばいいのか途方に暮れてしまう。そのとき、解答に必要な情報を探すために再度長文を読み始めるという受験生もいるのではなかろうか。しかし、この方法では時間がいくらあっても足りない。

　長文問題は、文を読んで、設問に正確に答えて初めて点となるのである。そのため、最初に設問で何が問われているかを確認することが必要である。この作業を最初にすることによって読む前から内容がわずかばかり分かるというメリットもある。設問を確認したあとに問題文を読み始めるのだが、設問箇所である下線部まで読み進めたならば、再度傍線部で問われている設問の内容を確認する必要がある。それから設問に解答するための根拠となる該当箇所を長文から探し、ラインを引いておく。その際、番号でもふって、どの設問の根拠なのかは分かるようにしておくと良いだろう。しかし、注意したいことに、この時点では解答作成には

•コラム•

まだ入らず、長文の続きを読むのである。解答の根拠である箇所にラインさえ引いておけばいつでも解答には漕ぎつけるので、問題文の続きを読み進めることを優先する。つまり、長文問題はぶつ切りでなく最後まで読み切ることを心がけるのである。

　全ての設問にこの方法でアプローチし、最後にラインを頼りに一気に解答を仕上げていくという手順をとることで、英語は基本的に一度しか読まず、また正確に設問に解答することができるのである。

　以上が私の教科別のアプローチ法だが、幾分でも皆様の参考になれば幸いである。

•コラム•

16：本試験会場での心持ち

　ここでは本試験の会場ではどのような心持ちで試験に向かっていけば良いかという話をしたいと思う。本試験会場では下記の2点のことを強く意識しておいて欲しい。

(a) 全ての解答用紙を完璧に埋めなければいけないという思い込みと、自分自身に対する過剰なプレッシャーをなくす。

(b) 本試験では今まで通り、いつもと同じやり方で臨むことが肝要であるという意識を持つ。

　まず、(a) について説明したい。本試験の結果次第で、医学部への合否が決定することを思えば、誰であっても本試験の解答用紙には何か埋めてこなくてはいけないという強迫観念に襲われるであろう。しかし、全ての解答を埋めなければいけないという思い込みを抱いたまま本試験に臨んではいけない。確かに一言で医学部といっても、総合大学と単科大学では試験のタイプが全く異なる。総合大学の場合、医学部にも一般学部と同じ問題を課すことがほとんどで、一般学部よりも合格最低点が高く、点取り合戦のような戦いになる。そのため、総合大学の医学部に合格しようと考えるならば、大部分の解答欄を埋めておかなければいけないことは事実である。

　一方、医科大学の場合、問題は総合大学のものより難しいことが一般的である。そのため、そもそも全ての問題に対処しようとする必要性はないことが普通であるといえる。しかし、このどち

• コラム •

らのタイプの試験においても、最も大切なことは、自分自身の実力で解くことができる問題を完全に取り切るという姿勢である。自分自身の実力で解くことができる問題から着手して、最終的に全ての問題に解答し、全ての解答欄が埋まっている状態がベストであるが、そもそも最初から解答用紙を全て埋めなければいけないなどとは考えてはいけない。総合大学でも難解な問題は出題されるし、そうした難解な問題全てに解答しなければ合格できないとは必ずしもいえない。試験時間内で収まらない問題は避けなければいけないし、そのなかで全ての解答欄を埋めなければいけないという思考は焦りを生み出すだけである。試験会場で焦りを抱えた受験生は弱い。それは試験に集中し切らないからである。集中力を欠いた状態で試験に臨むことで、平生では考えらないケアレスミスや計算ミスを犯してしまい、その処理に時間を割かれて余計に焦るという悪循環に陥ってしまうのである。このような状態では、私の提案する**順当な**合格を得ることはできない。全ての解答欄を埋めなければいけないという思い込みによって、自分自身で敵を大きくするのではなくて、ありのままの試験に対峙しようとする心の余裕が大切である。

　次に（b）について説明したい。端的に言えば、本試験といっても何か特別なことをするのではなく、今まで通りの戦い方をすれば良いということである。いつもと同じ戦い方でいつもと同じ実力が出せれば良いのである。いつも以上の成績を出そうと欲をかくと、結局いつも通りの実力も出せないことの方が多い。（a）

・コラム・

でも説明したように、自分自身の実力で解くことができる問題を確実に取り切る姿勢が最も大切である。つまり、ミスなく自分自身の実力をきっちりと試験に反映させることができれば、合否にかかわらず、その試験は成功したと言って良い。本試験では自分自身の実力を反映させることだけに集中させれば良い。自分自身の実力を反映させることができたと思う内容であれば、その結果がたとえ望まないものであったとしても、試験後の後悔は軽減されるであろうし、翌年浪人をすることになったとしても得るものは必ずあるといえる。一番避けなければいけない事態は、試験に自分自身の実力を反映させることができず、また、不合格という結果をきちんと受け入れられずに、消化不良のまま浪人生活を送ってしまうことである。浪人生活を考慮した長期的な観点で見ても、本試験で自分自身のそのときの実力を出し切ることは大切である。

第6章

医学部合格のための計画立案

医学部合格を掴み取った年間計画

●ゴールを見据えて計画する

　これまでに短期間で医学部合格に至るための方策を述べてきたが、受験に勝つために、私は特に受験生のメンタルコントロールの部分に重要性を感じている。受験生活を送る上で生じる不安や焦りなどの精神の乱れと上手く付き合いながら、合格に直結した効率的な年間計画を立案することは受験の成功の重要な部分を占める。そこで私が立案したモデルプランを紹介したいと思う。しかし、個々人によって状況は全く異なるし、このモデルプランが受験生一般に通用する絶対的なものではないことはいうまでもない。特に高校3年生になったばかりの現役生を含めると、実力差にばらつきがあり過ぎて統一的な話ができなくなるため、医学部受験を早い段階で決意していて春の時点である程度実力がある受験生に絞って話を進めていきたいと思う。

　第5章でも紹介したが、私は1年間を大きく4つのフェーズに区分けして考えていた。その4つのフェーズは以下である。

（ⅰ）4月～11月末：一般学力養成期
（ⅱ）12月～センター試験：センター直前期
（ⅲ）センター試験～1月末：出願校決定期

(ⅳ) 出願〜二次試験：二次直前期

　上記の各フェーズにおける重要度はほとんど同じであると私は考えているが、（ⅰ）はさらに3つのフェーズに区分けしていた。
（1）4月〜6月：復習期(これまでの知識の総復習)
（2）7月・8月：センター完成期
（3）9月〜11月：二次完成期

　これらの期間に一体どのような課題を自分自身に設定してクリアしていけばいいのかについてこれから説明していきたいと思う。

　まず、フェーズ（ⅰ）は一般学力養成期である。言葉のとおり一般学力を養っていく時期である。そのなかの（1）4月〜6月は主に復習期である。昨年医学部を受験していたのであれば、まだ記憶が新しいこの時期に、しっかりと昨年受験に失敗した敗因の分析をしておくことをお勧めする。自分自身のなかに非を認め、今年度取り入れるべきことが何であるのかを明確にしておく時期である。同時に、再度これまでに学んだ知識や技術を確認しておく必要がある。客観的に自分自身の戦力分析をしておくのである。予備校などでも、この時期はまだゆったりとしていて、例年春は各教科、基礎部分を確認している段階である。この時期に、昨年までに学んだ知識・技術を確認して自分自身の戦力のベースを固めることが必須である。そのため、センター試験、二次試験どち

らの範囲にも偏らない全範囲的な勉強をすることをお勧めする。センター試験用の勉強と二次試験用の勉強にどれだけの比率で時間・労力をかけるかというと、センター：二次＝5：5くらいがお勧めである。

（2）7月、8月は学校や予備校においては夏休みや夏期講習という時期にあたる。この季節はよく「受験の天王山」というふうに形容されているが、私の考えではそれほどまで大切な時期とはいえない。あくまで私の考えでは、直前期が最も大切な時期である。むしろ、夏は体の疲労度がかなり蓄積される季節であるから、頑張り過ぎて夏バテしないように気をつけるほうが長い目で見れば大切である。

それよりも注意しなければいけないことは、学校の教師や予備校の講師にほだされて夏期講習を朝から晩まで目いっぱい詰め込んでしまうことである。確かに夏はレギュラー授業が基本的に終了しているため、自由な時間が増える時期である。普段はなかなかできない弱点補強をするにはうってつけの時期といえる。そのため、教師や講師はここぞとばかりに講習授業を詰め込んでこようとする。しかし、朝から晩まで講習を組み込んだ生活は、自由な時間が取れる長期休暇ならではの利点を生かせているとはいえない。せっかく自由に勉強できる時間があるのだから、この季節は、あくまで自学自習に徹底するほうが良いであろう。自分自身の弱点が明らかになっているのであれば、その点を補強してくれる授業だけを選択して受講すればいいのである。英語が得意な受

験生が担当の英語講師の口車に乗せられて、夏にわざわざ英語の講習を何コマも取る必要はない。再度繰り返すが、夏休みは自学自習を徹底して弱点補強をする季節なのである。

また、この時期の大きな目標としては、夏期休暇の終了時にセンター試験の実力を一度完成させておくことである。一般的に医学部合格を果たすために、センター試験で9割を取ることが目標であると言われていることを考慮するならば、夏期休暇の終了時にセンター試験で9割を取れるだけの実力を養いたいところである。センター試験で9割を取るということが具体的にどういうことなのか一度体感しておくのである。これは、あくまである程度実力が春の時点で固まっている受験生に求めたい目安としての数値目標である。

話を受験生全般に戻せば、夏期休暇は講習に参加するのではなくて、自習に明け暮れてセンター試験対策をするのが良いだろう。ここで少しだけセンター試験について触れておくと、センター試験で高得点を取るためには、一般学力を養成することと過去問研究に労力を費やさなければいけない。

ポイントは、一般学力が備わっているからといってセンター試験で高得点が取れるとは限らないということである。特にセンター国語は各予備校開催のマーク模試とは似ても似つかぬ性格を持つため、この教科の過去問研究は必要不可欠である。センター国語に対して過去問研究せずに立ち向かっていくことは無謀というほかない。センター国語を中心に過去問研究にはそれなりの時間を要するので、これくらいの時期からマーク模試で得点できる

一般学力を養成することと並行してセンター本試の過去問を研究することを始めても良い時期である。時間・労力の比率でいえば、センター：二次＝８：２くらいのものであろうか。二次試験用の勉強は現状のレベルを下げない程度にしておいて、それ以外の時間はほとんどセンター試験対策をするくらいの気持ちでも良いであろう。

（３）夏が明ければ受験ムードは一気に高まる。夏休みにセンター試験対策をやったのとは反対に９月～１１月の時期は、二次力を養成する時期である。この時期に志望している医学部に合格できるだけの偏差値を模試でも叩き出しておきたい。前述のことではあるが、模試の成績と受験の合否はあまり関係のないものである。それはセンター試験や二次試験が、模試で用意されているような良問ばかりで構成されていないからである。模試に比べれば、本番のセンター試験も二次試験も奇形であると言わざるをえない。しかし、この時期に赤本を引っ張ってきて大学別の勉強を始める必要はない。その理由は、センター試験の結果次第で受験する大学が変わってしまう可能性があるからである。あくまで一般学力において、志望している医学部に合格できるだけのレベルまで高めておきたいということである。志望校に合格できるレベルの学力かどうかを判定するために偏差値を利用すれば良いだろう。

そして、この時期の勉強時間の比率としては、センター：二次＝０：１０で、全ての時間を二次試験の勉強に傾けても良いと私

は考える。マーク模試の直前期に模試対策をすることは引き続き行っていくが、ここで敢えてセンター対策から離れる方向に舵を切ることには理由がある。それは、センター対策がとても単調でつまらないものであるからである。これはどういうことを意味するのか？

　この疑問にお答えする前にセンター試験で高得点を取るために必要な要件についてお話したいと思う。センター試験は短い時間のなかでかなりの問題数を解かなければいけない。そのため、限られた時間内で高得点を取ろうと思ったならば、問題を解く順番や、時間の配分など、自分なりのルールを予め確立しておくことが必要となる。また、自分にとって最適なリズム感も確立しておきたい。ここでいうリズム感とは、全ての問題をさばき切る上で自分自身にとって最適な時間感覚である。例えば、英語の第一問発音問題は3分で切り抜ければ予定通りであるといった自分なりの時間感覚である。このように自分なりのルールを確立してリズムを身体で覚えるためには、各予備校から出版されている問題集を利用して反復練習する方法が効率的である。

　このように、センター試験で高得点を取るためには、上記のように問題集を反復演習することや、過去問研究をすることが不可欠なのであるが、これらはとても単調でつまらないことのように私には思われた。それは、これらの作業によって知的レベルで何か新しい知識が得られるということではないからである。これらの訓練はセンター試験で高得点を取るためには必要不可欠であるが、知的好奇心を満たすものでは決してない。知的レベルで何か

新しい知識を得るということではないので、すぐに飽きがきてしまう作業なのである。

しかし、つまらない作業をつまらないと思ってやっていたのではセンター試験における高得点は絶対に実現しえない。センター試験の結果を最も左右する要素は直前期の集中力だからである。

ここで、センター試験の特徴について触れておきたいと思う。そもそもセンター試験の結果は、ある程度の学力が備わっていたならば、学力レベルによって左右されるというよりは、試験当日の集中力によって左右されるものなのである。これは、学力レベルで一般的な現役生が多浪生に勝てる見込みは1％もないにもかかわらず、センター試験の結果では逆転現象が起きてしまうことがしばしばあることからも理解できるであろう。つまり、センター試験当日に向けて集中力を養うことができた受験生が勝つのである。

これらのことを考慮に入れたならば、直前期につまらないセンター対策に全ての集中力を注ぎ込むことがセンター試験の必勝法であるといえる。では、どうすれば、つまらないセンター対策に集中して取り組むことができるのだろうか。それは、焦りを利用するのである。マーク模試の直前勉強はともかく、日常生活の勉強においてセンター系の教科に全く手をつけないことで焦りが生じる。この焦りを利用して12月から一気にセンター対策に打ち込むことを最優先して、9月〜11月の間は敢えてセンター対策に時間を費やさないという作戦を私は採用していた。

この作戦は多少思い切りがいるかもしれないし、リスクがある

ように思われるかもしれないが、私が皆様にお勧めしたい作戦である。これは、私の再受験1年目がセンター対策にかなり早くから着手していたために、直前期に集中力を切らしてしまうという失敗をしてしまっていたからである。さらに、夏までにセンター対策を一度終わらせていたことも、9月〜11月に敢えてセンター対策に手をつけない作戦を実行するための布石である。一度完成したものであるならば、1ヶ月の間で実力を取り戻すことは十分可能であるし、何より直前期にだれてしまうことを恐れたためにこのような計画を立案していたのである。ぜひ参考にしていただきたい。

次にフェーズ（ⅱ）センター直前期である。この時期に集中してセンター対策に取り組むことができたか否かで結果は180度変わってしまう。この時期にセンター対策に集中できる環境を整備するための期間としてフェーズ（ⅰ）が存在しているのである。皆様はこの時期にセンター対策に集中できるように、逆算的にフェーズ（ⅰ）を計画していただきたいと思う。この時期はとにかくセンター対策に打ち込む以外に特筆すべきことはないであろう。

フェーズ（ⅲ）出願校決定期の重要性については、「3分の2理論」において既に述べた。センター試験の結果が優位に働く傾斜配点を採用しているか、多浪生や再受験生の受け入れがあるか、選択している理科科目が優位に働くか、今年の出願倍率の動向な

ど、全ての条件を考慮に入れて自分自身にとって最適な出願校を選択するのである。この時期にさまざまなファクターを考慮しつつ、苦労して選択した大学だからこそ、どうしても入学したいという気持ちにもなれるものである。頭を捻って相応の労力をかけて選択した出願先には、ただ漫然とバンザイシステムの結果で選択した大学では感じられない魅力が感じられるはずである。

　出願校も決定した、フェーズ（ⅳ）二次直前期に入ってようやく赤本を使用する。赤本を活用して手早く大学の傾向を読み取り、「赤本ノート」を作成するのである。まず、数年分の過去問を見直して、出題されやすい範囲をランキング形式にまとめる。そのなかで自分自身に苦手な単元があれば、その単元の知識や公式を優先的にまとめていくのである。「赤本ノート」については第4章で述べたため、ここでは詳しくは述べない。この「赤本ノート」を徹底的に復習して、出題傾向が高い単元の知識や問題を完璧にこなすことに全精力を注ぐのがこの時期の課題である。

　私の提案する年間計画は以上であるが、下記はこれまで私が提案した年間計画をまとめたものである。ぜひ参考にしていただきたいと思う。

私の年間計画

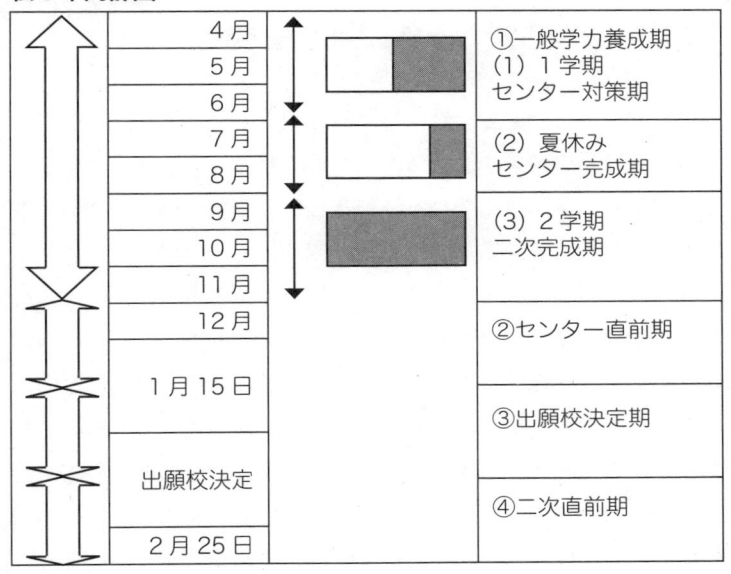

4月 – 11月	①一般学力養成期
4月〜6月	（1）1学期 センター対策期
7月〜8月	（2）夏休み センター完成期
9月〜11月	（3）2学期 二次完成期
12月	②センター直前期
〜1月15日	③出願校決定期
出願校決定〜2月25日	④二次直前期

（注力する時間の比率は、センター：二次＝白欄：黒欄で表示）

• コラム •

17：勝負に対する姿勢

　これまで私は効果的な勉強法や取り組みについて様々述べてきたが、それらの理論や勉強法は受験の本質ではない。それよりもより深く受験の品質に関わる要素として、受験に対する姿勢・意識について触れていきたいと思う。

　医学部だけではなく受験全体、もしくは勝負事全体にいえることであるが、勝負に勝つ人間と負ける人間の資質には、根本的に異なる部分が存在すると私は考える。それは勝負に対してどのように関わっていくかという姿勢である。勝負に対して勝ちにいく姿勢を持つ人間と、何かにすがりたい、現状から逃げ出したいという姿勢で勝負を何とかやり過ごしたいと思う人間では、直前期の集中力や伸びが全く異なるし、それに伴って、勝負の結果は当然異なってしまう。根本的な部分で、受験生の受験に対する心持ちは勝負の分かれ目で圧倒的な差が開く、大きな要因であると私は考える。

　今回のコラムのトピックは受験生の受験に対する姿勢・意識であるが、この要素は多浪病における症例3〜5にあったような「勝負弱さ」にかなり深い部分で繋がっている可能性が高い。そもそも今回のコラムのトピックは、症例3の具体例で紹介したCさんの話をよく聞いているうちに、着想に至った考えである。彼の受験に対する基本姿勢が逃げであることが話を進めていくうちに分かってきたのである。

・コラム・

　ここで一つ断言できることがある。心の底で、受験から逃げたいと思ってしまった人間は勝負弱くなる。受験から逃げたいと考えている人間は、直前期に不安を紛らわせようとして、他人と話す時間が増えるなど、気休め行動をとろうと無意識のうちにしてしまいがちである。そして、気休めに走り、勉強に集中できていないという事実が自分自身の心のなかでさらなる不安となり、いつのまにか負のスパイラルに飲み込まれていく。そうして、次第に心が不安でいっぱいになってしまう。心に不安を抱えた受験生は直前期に集中できないし、それに伴って本試験会場でも集中して問題に取りかかることができない。これが本試験における勝負弱さの原因である。

　しかし、受験に対する不安を解消する唯一の手段は、不安と向き合って立ち向かっていくことである。つまり、受験に対してきちんと効果的なアプローチをとって、それに伴って着実にしっかりと学力を伸ばしていくことである。

　自分のことは自分自身が最もよく理解している。不安から逃れようと気休めに逃げたところで、不安は解消されるどころか、もっと大きくなって自分自身の精神を苦しめる。不安が解消される方向(合格)に向けて具体的な方策をとっていることが直感的に理解できれば、いずれ不安は消え去り、自信が生まれてくる。私の提案する**順当な**合格は自信に満ちた状態で試験に臨むことで初めて達成されるものである。

18：心（本能）の声を理解する

　人間の行動の最初の指示は本能から発せられたものであると私は思う。私はこうした意味で人間が究極的には本能的な生物であると考えている。つまり、人間の行動の根源的なモチベーションは本能的になされた判断に基づいていると私は考えている。そのため、本能的に面倒だと感じていることに対して理性の働きで、重い腰を上げることは難しい。それも受験勉強のように毎日のことになると恐ろしく難しい。受験勉強が本能的に受け入れられないのであれば、どれだけ理性で「やらなければいけない」と思い込んでみても、いずれ足は遠のいてしまうであろう。

　公的な場所で本能に従うことは過ちであることが多い。集団行動の多い社会生活では、当然理性的に行動することが求められる。つまり、理性で本能をコントロールする必要がある。しかし、受験勉強のような孤独な戦いにおいては本能を理性でコントロールすることが不可能に近いほど難しいのである。たかが1日2日の話であれば問題なかろう。理性で本能を覆い尽くして嫌なことを我慢することもできる。しかし、受験勉強は毎日繰り広げられる自分自身との戦いである。継続的な自分自身との戦いでは、最終的に理性が本能に勝つことは基本的に不可能である。つまり、本能的に受け入れられないことを理性の働きで継続することは難しいといえる。

　前述のことであるが、人間の行動の最初の指示は本能から発せ

・コラム・

られる。本能の指示は基本的に言葉を持たない○か×の二択である。例えば、幼い子供は究極的に本能的である。彼らの思考には良いか悪いしかない。赤ん坊の基本的な自己表現が笑う、泣くであるように、本能的な思考は常に単純明快である。しかし、大人が概して理性的であるように、赤ん坊も成長過程で理性を手に入れ始める。理性を持ち言葉を覚え始めると、本能の指示に言葉を補って説明することも同時に覚えるようになる。本能的な部分では、「動く＝×」という判断しかできなかったところが、「運動は疲れるからイヤだ」というふうに様々な言葉を補って説明することが可能になるのである。

　しかし、自分自身のことであるにもかかわらず、心(本能)の声を正しく理解することは実は簡単な作業ではない。そもそも、心(本能)の声を正しく把握するためには、本能の自分(主観的自己)から独立した客観的自己を確立することが必要である。ところが、ただ漫然と生活していたのでは、主観的自己から独立した客観的自己を確立させることはできない。主観的自己から独立した客観的自己を確立させるためには日常的な訓練が必要である。それは、客観的に自分自身を捉えようとする思考を継続的に行っていくことである。こうした訓練を習慣化することで、主観的な自己から客観的な自己を独立して存在させることができるようになるのである。そして、この客観的な自己の立場で理性を働かせて初めて、自分自身の心(本能)の声を言葉を使って正しく把握することができるようになる。

・コラム・

19：自信をつけるために

　まずは、自分自身の心の声に耳を傾ける。そして、心の声に蓋をするのではなくてありのままを受け入れて、客観的な視点で心の声が一体何を訴えているのか、言葉を使って表現できるようにすることが全ての始まりである。この過程を通して初めて、自分自身の心の声の正体を把握することができる。

　心（本能）の発する訴えが理解できたならば、次に理性の働きでその問題を解決する具体的な方策を考える。ここでも当然客観的自己の視点での思考（理性）が前提である。例えば、試験が近づいているにもかかわらず、気休めに興じている受験生の心の声は、試験に成功しなければどうしようという**不安**や試験から**逃げ出したい気持ち**である。そのため、彼らの行動は心の声が訴える問題を解決するための行動とはいえない。むしろ、これらは心の声に蓋をした行動であろう。心の声にしっかりと耳を傾けて、理性の働きで、その心の声が訴える問題に対する解決策を考えなければ、心の声がおさまることはない。しかし、一方で心の声が訴える問題に対して正しいアプローチができていれば、心の声はやがて小さくなるものである。

　前述したように、不安が生まれる根源の部分には自信のなさがあると私は考える。試験に成功するというイメージが先行している人間が目前に控えた試験に対して、何も手につかなくなるほどの不安に襲われるはずがないであろう。むしろ、早く試験の日がこいという積極的な姿勢を持つはずである。どうしても勉強に集

• コラム •

中できないほどの不安に襲われる受験生は、自信のなさが様々な気休め行動の根源であるということを、まずは認めなければいけない。そうして、どうすれば自信をつけることができるのか具体的な解決策を考えていけばいい。

　生まれながらにして自信を持っている人間は存在しないと私は思う。物事を始めるとき、誰しも何もできない状態から始まる。つまり、誰もが自信など最初から持てるはずがないはずである。また、どれだけの自信家であっても自信を失うときは必ずある。それでは、人々は自分に自信がないときどうすれば自信を得ることができるのだろうか。その答えはひとつしかない。それは目的(ゴール)に向かって正しいアプローチで着実に進んでいるという実感が持てる行動をとることである。そして、それに伴ってしっかりと結果を出すことである。受験に話を戻せば、着実に学力を伸ばし、それに伴って成績が上昇していく感覚を味わうことで自信のなさは解消されていくのである。ひとつひとつの模試で着実に成績を残していくことが唯一の方法ではなかろうかと思う。

　自分自身に対して本能的に自信が持てる人間は、受験に対して積極的な姿勢で挑むことができるようになる。やがて、心の声のレベルで、もっと賢くなりたい、もっと勉強したいと思えるようになれば、気休めに興じることもなくなるし、集中した質の高い勉強ができるようになるはずである。こうした好循環を体感することでますます強固になる自信は、学力を超える大きな力を試験会場で発揮するのである。

あとがき

　この本の中で何度も述べているが、押しつけられた理論に無理に自身を適応させるのではなくて、受験の本質を理解して、理論を個々人でカスタムして自分なりの勉強法を構築することが受験に勝つための必勝法である。また、受験の成績は頭の良し悪しではなく勉強の要領や正しい意識を身につけることによって簡単に好転するため、誰もが医学部合格という夢を持つことができると私は信じている。しかし、他人の意見に盲従してしまう姿勢に固執していては、夢は夢のままで終わってしまう。この本の中でもいくつか勉強法は紹介したが、それさえも絶対ではありえない。結局は、何が今の自分に必要で何をしなければいけないのかをその都度客観的に理解することが受験の絶対的な攻略法なのだと思う。私は一度受験を終えて、社会人経験を踏まえ、新たに再受験という立場になったときに受験に対する考え方が大きく変化していることに気づいた。そして、受験の難しさは各教科の攻略よりもむしろ自分自身の状況を客観的に捉えることにあるのだと直感的に理解することができた。苦手なことに正面から向き合うことは大人でも難しい。それをどう自分自身の心の中で処理していくのか。ここに受験の真骨頂があるのだと今では思う。そのため受験を自分自身の納得のいく形で乗り切ることができれば、人間的な成長が大きく見込めるのだとも思うのである。夢を実現するために何度も壁にぶつかり、それでもなお夢を追い続ける医学部多

浪生に私はエールを送りたい。

　自分の窮地を救うことが出来るのは自分自身をおいてありえない。聖書によれば、神はその人間に超えられるだけの試練を与えるのだという。自分を信じて諦めないこと。行き詰まったときは立ち止まって考えることで必ず活路は開けるのである。

　悩みは多いであろうが、本書を読んで参考にしていただける箇所があれば私としても幸いである。しかし、もし本書を読んで疑問に思う点があればぜひ問い合せていただければと思う。私はできるだけの協力は惜しまないし、それによって私の理論は更に深まるのだから。

　最後に私のブログを紹介したい。本書とブログの内容は基本的に同じであるが、少しでも参考にしていただければと思う。最後まで諦めず悔いのない受験生活を送っていただきたい。

http://d.hatena.ne.jp/tomtom106/

■著者紹介■

石川朋武（いしかわ・ともむ）

現在、某国公立医学部に在籍中。
趣味はギターとバイク。バイクで見知らぬ土地に行くのが専らの楽しみ。何事にも全力で打ち込むタイプで、一切の妥協は許さない。
合格に一歩及ばない受験生からの便りを心から待っている。

多浪は「病気」だ
医学部合格のための処方箋「石川メソッド」

2013年5月15日　初版第1刷発行

著者　石川　朋　武
編集人　清　水　智　則
発行所　エール出版社

〒101-0052　東京都千代田区神田小川町2-12　信愛ビル4F
電話　03(3291)0306／FAX　03(3291)0310
メール　info@yell-books.com

© 禁無断転載　乱丁・落丁本はおとりかえします。

＊定価はカバーに表示してあります。

ISBN978-4-7539-3195-8

ゼロから始める医学部受験 改訂4版

無名公立高校、地方校から医学部を目指す受験生のための合格必勝法！

基礎編Ⅰ●効率の良い勉強・受験生活一般

　効率の良い勉強とは／復習の大切さ／目標を定める／休むことの大切さ／睡眠について／勉強計画の立て方／友達の大切さ／心の強さ／予備校について／模擬試験／Ｚ会の通信添削について／過去問の使い方／センター対策について

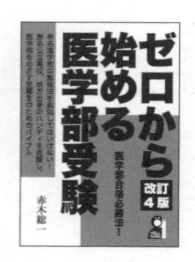

基礎編Ⅱ●受験直前期の過ごし方

実践編●教科／科目別勉強法

ISBN978-4-7539-3166-8

赤木総一・著　　◎定価 1575 円(税込)〈送料別〉

独学で国立大医学部に合格する勉強法

中学時代はまるで勉強せず、高校も早々に中退。そんな低レベルの学力だった私が、高認試験（大検）を受け、独学で国立大医学部に合格した勉強の秘訣。

1章★高校中退生がある日、目覚めて医学部を目指す!!
・高認試験とは

2章★医学部独学合格を可能にする勉強のコツ
・志望校の選び方
・大学を受験する手続き
・受験科目の選択について

3章★医学部合格への道・実践編
・医学部合格への科目別②段階攻略法

大好評 改訂版!!

ISBN978-4-7539-3053-1

島本啓輔・著　　　　　◎定価1575円（税込）

誰でも受かる
私立医学部入試の極意

受験情報のすべてと合格するためのノウハウ
医学部受験専門塾の情報も満載!!
親子で乗り切る私立大学医学部受験、
2浪以上の受験生とその親必読!!

1★医学部入試は本当に難しくなったのか
2★浪人が決まり、まず行っておくこと、考えるべきこと
3★予備校選択について：大手予備校か医大受験専門予備校か
4★国立か私立か
5★各学科試験への対策
6★模試の活用方法
7★塾との面談の重要性
8★二次試験への対策
9★出願校の決定と準備
10★無料で得られる塾情報を最大限に活用せよ
11★受験中における留意点
12★後期一般入試：最後の挑戦
13★息子の受験結果

ISBN978-4-7539-3145-3

横山一彦・著　　　　　　　　◎定価 1575 円（税込）